1400 से अधिक

# लोकोक्तियां एवं मुहावरे

# (PROVERBS & IDIOMS)

## हिन्दी तथा अंग्रेजी में

संकलनकर्त्ता

आर. ए. गुप्ता

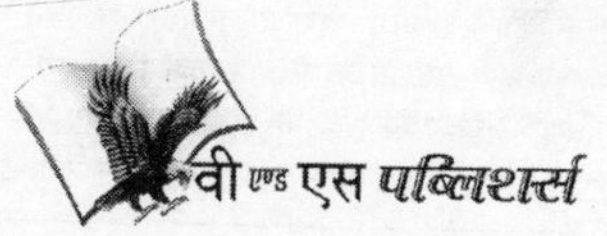

**प्रकाशक**

**वी एण्ड एस पब्लिशर्स**

**मुख्य कार्यालय**
F-2/16, अंसारी रोड, दरियागंज,
नई दिल्ली-110002 ☎ 23240026, 27
info@vspublishers.com
www.vspublishers.com

**क्षेत्रीय कार्यालय : हैदराबाद**
5-1-707/1, ब्रिज भवन (सेन्ट्रल बैंक ऑफ इण्डिया लेन के पास) बैंक स्ट्रीट, कोटी, हैदराबाद-500 095
☎ 040-24737290
vspublishershyd@gmail.com

**Online Brandstore: amazon.in/vspublishers**

**पुस्तकें ऑलाइन खरीदें: amazon Flipkart | फ़ॉलो करें :**   

ISBN 978-93-813840-0-8

**नवीन संस्करण**

**Cataloging in Publication Data–DK**
Courtesy: D.K. Agencies (P) Ltd. <docinfo@dkagencies.com>

**1400 se adhika lokoktiyām evam muhāvare** : Hindi tathā Angreji mem = Provebs & idioms/ sankalanakarttā, Āra. E. Guptā.

page cm, Hindi and English. Hindi-English dictionary of proverbs and idioms.
ISBN 9789381384008

1. Proverbs, Hindi--Dictionaries--English. 2. Hindi language--Idioms--Dictionaries--English. I. Guptā, Āra. E., editor. II. Title: Caudaha sau se adkika lokoktiyām evam muhāvare. III. Title: Proverbs & idioms.

LCC PN6519.H55A14 2019 | DDC 491.43313 23



**मुद्रक :** परम ऑफसेटर्स, ओखला, नयी दिल्ली-110020

# भूमिका

प्रकृति में व्याप्त मूल ध्वनियों के संयोग से शब्द और शब्दों के संयोग से भाषा का निर्माण हुआ। कालान्तर में भाषा अभिव्यक्ति मात्र का साधन न रहकर समाज की सांस्कृतिक विशिष्टताओं को भी उभारने लगी। लेकिन अपनी समस्त क्षमताओं के बाद भी जब वह मानव-मन की प्रत्येक अनुभूति को शब्द देने में असफल रही तो अपनी इस कमी को दूर करने के लिए उसने लक्षणा और व्यंजना का सहारा लिया। ऐसा करके भाषा ने अपनी खामियों को ही दूर नहीं किया बल्कि अपने को रसमय भी बना लिया। मुहावरे व लोकोक्तियां उसी की बानगी हैं। मुहावरे और लोकोक्तियां किसी भी भाषा के स्वीकृत व रूढ़ प्रयोग हैं।

ऐसा वाक्यांश जो सामान्य अर्थ का बोध न कराकर किसी विलक्षण अर्थ की प्रतीति कराये, मुहावरा कहलाता है। अरबी भाषा का 'मुहावर:' शब्द हिन्दी में 'मुहावरा' और उर्दू में 'मुहाविरा' बन गया। इसका अर्थ है- अभ्यास या बातचीत। अर्थात् जनजीवन में प्रचलित ऐसा विशेष प्रयोग या वाक्यांश जो लक्षणों या व्यंजना से अर्थ बताये और एक ही भाषा में प्रयोग होकर प्रकट (कहे गये) अर्थ से भिन्न (अलग) अर्थ बताये, वह मुहावरा है। उदाहणार्थ – 'नौ दो ग्यारह होना' मुहावरे का अर्थ है- भाग जाना। यह अर्थ व्यंजना द्वारा ही जाना जा सकता है, क्योंकि उक्त वाक्यांश का सामान्य अर्थ है कि नौ-दो मिल कर ग्यारह होते हैं।

मुहावरे में प्राय: न तो उसके शब्द स्थान को परिवर्तित किया जा सकता है और न शब्द विशेष के स्थान पर पर्यायवाची शब्द रखा जा सकता है। उदाहरणार्थ - यदि मुहावरा 'आग बबूला होना' में 'बबूला आग होना' लिखा जाये तो मुहावरा अर्थहीन हो जायेगा और इसकी प्रभाव शक्ति समाप्त हो जायेगी।

कहावत या लोकोक्ति का तात्पर्य एक ऐसे वाक्य से है, जो चमत्कार पूर्वक संक्षेप में किसी सत्य या नीति के आशय (अर्थ) को प्रभावशाली ढंग से प्रकट करता है और अधिक समय से प्रयोग में आकर जनजीवन में प्रचलित हो गया है। जैसे- 'दूध का जला मट्ठा भी फूँक-फूँक कर पीता है।'

लोकोक्तियां या कहावतें नीति से सम्बन्धित और धार्मिक होती हैं, फलस्वरुप वे व्यक्ति पर स्थायी प्रभाव डालती हैं। किसी लम्बी बात को

संक्षेप में समझाने के लिए भी कहावतों या लोकोक्तियों का प्रयोग किया जाता है। कहावतों के मूल में नीतिसम्बन्धी सूत्र होता है जो गद्य और पद्य दोनों में होता है। कहावतें एक सम्पूर्ण वाक्य में होती हैं, जबकि मुहावरे किसी वाक्य का एक अंश या टुकड़ा होते हैं। मुहावरा का अस्तित्व स्वतन्त्र नहीं होता, जबकि कहावतों या लोकोक्तियों की स्वतन्त्र सत्ता होती है।

उदाहरणार्थ- तीन-पाँच करना, जले पर नमक छिड़कना, आस्तीन में साँप पालना - आदि मुहावरे हैं। जबकि- तेते पाँव पसारिये, जेती चादर होय, दबी बिल्ली चूहों से कान कटाती है, शौकीन बुढ़िया और चटाई का लहंगा आदि कहावतें या लोकोक्ति हैं।

प्रत्येक वाक्यांश मुहावरा या लोकोक्ति नहीं होता। इनका एक विशिष्ट अर्थ होता है जो सामाजिक पृष्ठभूमि से रूढ़ होता है। प्रत्येक भाषा का अपना समृद्ध लोकोक्ति और मुहावरा कोश होता है। इस मुहावरे तथा लोकोक्ति कोश को संकलित-संग्रहीत करने की आवश्यकता मुझे इसलिए महसूस हुई क्योंकि अंग्रेजी भाषा हमारे देश पर अपना आधिपत्य जमा चुकी है और हमारा सम्पूर्ण साहित्य शनैः शनैः अंग्रेजी में अनूदित किया जा रहा है। हिन्दी तथा अन्य भाषाओं से भी अंग्रेजी भाषा के अनुवाद किए जा रहे हैं। ऐसी स्थिति में, अनुवादकों के सामने मुहावरों के अनुवाद की समस्या उठ खड़ी होती है। मैंने प्रयास किया है कि ज्यादा से ज्यादा हिन्दी मुहावरे तथा लोकोक्तियां के अंग्रेजी समानार्थी संकलित कर सकूं। समानार्थी मुहावरा व लोकोक्ति न मिलने की स्थिति में उनका यथासंभव अनुकूल अनुवाद करने का प्रयास किया है। मुहावरे व लोकोक्तियों हमारी सभ्यता व संस्कृति से जुड़े होते हैं। अंग्रेजी एक बिल्कुल भिन्न प्रकृति व भिन्न परिवेश की भाषा है। क्योंकि हमारे सामाजिक परिवेश से जुड़े बहुत से मुहावरों का शब्दशः अनुवाद करना एक निरर्थक प्रयास सिद्ध होता, अतः ऐसे स्थानों पर उनका आशय ही स्पष्ट किया गया है। मेरा यह प्रयास कितना सार्थक हुआ, इसका निर्णय तो सुधी-पाठकगण ही करेंगे।

लोकोक्ति और मुहावरा कोश का यह नया संस्करण पूर्णतया संशोधित व परिमार्जित किया गया है। कुछ मुहावरे व लोकोक्तियां जो अर्थहीन प्रतीत हुई, उन्हें निकाल दिया गया है। अनेक लोकोक्तियों के अधिक शुद्ध व सटीक समानार्थी प्रयोग दिए गए हैं। इन सबके बावजूद कोई भी प्रयत्न अन्तिम व अपने-आप में पूर्ण नहीं होता। यदि विद्वान पाठकगण कोई सुझाव देना चाहें, तो उनका स्वागत है।

ooo

# विषय सूची

# अ

1. अंगूर खट्टे हैं। : The grapes are sour.
2. अंडे सेवे कोई, बच्चे लेवे कोई। : One beats the bush, another takes the bird.
3. अंत बुरे का बुरा। : Evil begets evil.
4. अंत भला, सो सब भला। : All is well that ends well.
5. अंधा क्या चाहे, दो आंखें। : A blind person needs but two eyes.
6. अंधा क्या जाने बसंत की बहार। : A blind man is no judge of colours.
7. अंधा गाये, बहरा बजाये। : (i) All asses wag their ears. (ii) A fool always finds a greater fool to admire him.
8. अंधेर नगरी चौपट राजा, टके सेर भाजी, टके सेर खाजा। : Knaves alone reign in the kingdom of fools.
9. अंधी देवियां, लूले पुजारी। : Like gods, like worshippers.
10. अंधी पीसे, कुत्ता खाए। : On a fool's errand.
11. अंधे के आगे रोये, अपने दीदे खोये। : To cast pearls before swines.
12. अंधे को सब अंधे ही जान पड़ते हैं। : Everything looks yellow to the jaundiced eye.
13. अंधे को अंधा राह दिखाए, दोनों खड्ढ में गिरें। : A blind man leads the blind into a ditch.

14. अंधेरे में हर औरत सुन्दर होती है। : (i) In the dark all cats are grey.
(ii) In the dark every woman seems sexy.

15. अंधों में काना राजा। : (i) A figure among ciphers.
(ii) In the kingdom of the blind the one-eyed man is king.

16. अक्ल घास चरने गई है। : His senses have taken leave.

17. अकेले से दुकेला भला। : Two heads think better than one.

18. अकेला चना भाड़ नहीं फोड़ सकता। : One swallow does not make a summer.

19. अकेली लकड़ी कहां तक जले। : One flower makes no garland.

20. अक्ल बड़ी या भैंस? : The pen is mightier than the sword.

21. अक्लमंद को इशारा, अहमक को फटकारा। : A nod to the wise and a rod to the foolish.

22. अक्लमंद को इशारा ही काफी है। : The wise need just a nod.

23. अक्ल के घोड़े दौड़ाना। : To rack one's brain.

24. अकेला हंसता भला, न रोता भला। : (i) It's better to laugh and be merry.
(ii) Better an optimist, than a pessimist.

25. अच्छा साथी, रास्ता आसान। : A good companion makes the journey pleasant.

26. अच्छा स्वामी, अच्छा सेवक। : A good teacher/trainer ensures a good student/apprentice.

27. अच्छी चीज खुद बोलती है। : Quality speaks for itself.

28. अच्छे की आशा रखो, बुरे को तैयार रहो। : Hope for the best but be prepared for the worst.

| | | |
|---|---|---|
| 29. अटका बनिया दे उधार। | : | A needy trader extends credit. |
| 30. अति किसी भी चीज की बुरी होती है। | : | An excess of anything is bad. |
| 31. अदले का बदला।<br>खून का बदला खून।<br>जैसे को तैसा। | : | (i) An eye for an eye.<br>(ii) A tooth for a tooth.<br>(iii) Tit for tat. |
| 32. अधजल गगरी छलकत जाए। | : | An empty vessel makes more noise. |
| 33. अधिक परिचय होने से अवज्ञा होती है। | : | Familiarity breeds contempt. |
| 34. अधीर होने से काम जल्दी नहीं होता। | : | (i) A watched kettle never boils.<br>(ii) Haste makes waste. |
| 35. अनजाने से जाना अच्छा। | : | A known devil is better than an unknown one. |
| 36. अनहोनी की चिंता व्यर्थ है। | : | Tomorrow will take care of itself. |
| 37. अनुभवी व्यक्ति झांसे में नहीं आता। | : | (i) An old bird is not caught with chaff.<br>(ii) The older the goose, the harder to pluck. |
| 38. अपना-अपना, पराया-पराया। | : | Blood is thicker than water. |
| 39. अपना कोसा अपने आगे आता है। | : | Curses come home to roost. |
| 40. अपना घर भरना। | : | (i) To feather one's nest.<br>(ii) To line one's pockets. |

| | | |
|---|---|---|
| 41. अपनी फूटी न देखे, दूसरे की फूली निहारे। | : | (i) The pot calls the kettle black.<br>(ii) Pointing a mole on another's face, while missing the sty in one's own eye. |
| 42. अपना तोसा, अपना भरोसा। | : | Self-help is the best help. |
| 43. अपना दीजिए, शत्रु कीजिए। | : | Sudden friendship, sudden repentance. |
| 44. अपना पूत सभी को प्यारा। | : | Every potter praises his own pot. |
| 45. अपना-सा मुंह लेकर बैठना। | : | To cut a sorry figure. |
| 46. अपना मकान कोट समान। | : | (i) An Englishman's home is his castle.<br>(ii) Be it ever so humble, there is no place like home. |
| 47. अपना माल सभी को बढ़िया लगता है। | : | (i) All his geese are swans.<br>(ii) All is fish that comes to his net.<br>(iii) Every merchant praises his merchandise. |
| 48. अपना लाल गंवाय के दर दर मांगे भीख। | : | A light purse is a heavy curse. |
| 49. अपना वही जो आवे काम। | : | A friend in need is a friend indeed. |
| 50. अपना सब कुछ एक ही दांव पर मत लगा दो। | : | Don't put all your eggs in one basket. |
| 51. अपना हाथ जगन्नाथ। | : | Self-help is the best help. |
| 52. अपना रख, पराया चख। | : | (i) Enjoy at the cost of others.<br>(ii) Fools make a feast, while wise men dine. |
| 53. अपनी-अपनी ढफली, अपना-अपना राग। | : | Blow one's own trumpet. |

54. अपनी-अपनी गरज को, अरज करे सब कोय। : In a calm sea, everybody is a pilot.

55. अपनी गलती को मानना अच्छी बात है। : It is better to be bowled out than to play foul.

56. अपनी गली में कुत्ता शेर। : (i) Every cock fights best on its own dunghill.
(ii) Every dog is a lion in his backyard.

57. अपनी गांठ में पैसा, तो पराया आसरा कैसा? : A heavy purse makes a light heart.

58. अपनी मर्यादा अपने हाथ। : Each man's honour lies in his own hands.

59. अपनी करनी पार उतरनी। : (i) Every bullet has its billet.
(ii) Every man shall bear his own cross.

60. अपनी मुसीबत हर आदमी को बड़ी लगती है। : Every man feels his own cross is bigger.

61. अपनी हैसियत से बाहर काम करने से काम कभी सिरे नहीं चढ़ता। : (i) Don't bite more than you can chew.
(ii) Never take on more than you can handle.

62. अपने काम से काम रखना। : To mind one's own business.

63. अपने ही देश में बेगाने। : (i) Alien in one's own land.
(ii) To be outlawed in one's own country.

64. अपने दही को कोई खट्टा नहीं कहता। : (i) The owl thinks her own young fairest.
(ii) Every cook commends his own sauce.

65. अपना उल्लू सीधा करना। : To have an axe to grind.

66. अपने मुंह मियां मिट्ठू। : (i) Self-praise is no recommendation.
(ii) To praise one's own cap.
(iii) Fool to others, to himself a sage.

67. अपनों को सभी तलाश लेते हैं। : Every Jack must have his Jill.

68. अपवाद ही नियम का प्रमाण है। : An exception proves the rule.

69. अफ़वाहों के पंख होते हैं। : Rumours have wings.

70. अब पछताए होत क्या जब चिड़िया चुग गई खेत। : (i) It's no use crying over spilt milk.
(ii) It's no use locking the stable after the horses have bolted.

71. अबोध को भी बोध होता है। : Asses and pitchers have ears.

72. अभी दिल्ली दूर है। : The destination is still far off.

73. अभी नहीं, तो कभी नहीं। : Now or never.

74. अमावस्या की रात-सा काला। : As dark as pitch.

75. अल्प विद्या भयंकरी। : A little knowledge is a dangerous thing.

76. अवसर हाथ से न जाने दो। : (i) To take time by the forelock.
(ii) Don't let opportunity pass by.

77. अविश्वास किये पतन होय। : Scepticism is slow suicide.

78. अशर्फियां लुटाते रहने से खजाने खाली हो जाते हैं। : Waste not, want not.

79. अशर्फियों की लूट, कोयलों पर मुहर। : Penny wise, pound foolish.

80. असलियत छिपती नहीं, सामने आ ही जाती है। : (i) The truth is never hidden.
(ii) Ashes can't conceal fire.

81. अहमद की पगड़ी महमूद के सिर। : Robbing Peter to pay Paul.

# आ

1. आंख बची माल यारों का। : Eyes withdrawn, property gone.

2. आंख ओझल, पहाड़ ओझल।
आंख ओट, पहाड़ ओट।
आंख से दूर, दिल से दूर। : Out of sight, out of mind.

3. आंख का अंधा नाम नैनसुख। : Blind of sight, called Mr Bright.

4. आंखों का तारा। : (i) The apple of one's eye.
(ii) The boss's blue-eyed boy.

5. आंखों देखे, सो पतियाय। : Seeing is believing.

6. आंखों पर पलकों का बोझ नहीं होता। : The kick of the dame hurts not the colt.

7. आओ-जाओ घर-बार तुम्हारा, खाना मांगे तो दुश्मन हमारा। : Compliments are only lies in court clothes.

8. आखिरी दम तक हाथ-पांव चलते रहें तो अच्छा है। : (i) Better wear out than rust out.
(ii) You must work till you drop dead.

9. आग को आग मारती है। : (i) Fire fights fire.
(ii) Diamond cuts diamond.
(iii) Use a thief to catch a thief.

10. आग खाएगा तो अंगार उगलेगा : Sow the wind and reap the whirlwind.

11. आग लगने पर कुआं खोदे। : One becomes wiser after the event.

12. आग से खेलना खतरे से खाली नहीं। : Don't play with fire.

13. आगे कुआं, पीछे खाई। : Between the devil and the deep sea.

14. आगे दौड़, पीछे छोड़। : (i) Haste is waste.
(ii) Marry in haste, repent at leisure.

15. आज का काम कल पर मत छोड़ो। : Procrastination is the thief of time.

16. आज की कसौटी बीता हुआ कल है। : Things present are judged by the things past.

17. आज नहीं, अभी। : Now or never.

18. आज मेरी, कल तेरी। : Better today than tomorrow.

19. आती लक्ष्मी को कौन लात मारता है ? : Who closes his doors at the knock of fortune?

20. आत्मप्रशंसा पर कोई भी विश्वास नहीं करता। : Self-praise is no recommendation.

21. आदत जल्दी नहीं छूटती। : (i) Old habits die hard.
(ii) Habit is second nature.

22. आदत की दवा नहीं होती। : Habit knows no cure.

23. आदमी अपनी संगति से पहचाना जाता है। : Man is known by the company he keeps.

24. आदमी अपने भाग्य का निर्माण स्वयं करता है। : Man is the architect of his own fate.

25. आदमी अपने सलीके से पहचाना जाता है। : A man is known by his manners.

26. आदमी उतना बूढ़ा जितना अनुभव करे, स्त्री उतनी जितनी वह दिखे। : Men are as old as they feel, women as old as they look.

27. आदमी-आदमी में अंतर, कोई हीरा, कोई कंकर। : Every stone is not a gem.

28. आदमी का पता गुणों से चलता है, न कि खानदान से। :
(i) Better have a good cow than a cow of good breed.
(ii) Man is known by his qualities, not by kinsfolk.

29. आदमी का मन साफ, तो अंततः विजयी। : Virtue alone outbuilds the pyramids.

30. आदमी की पहचान करनी से होती है, कथनी से नहीं। : A man is known by his practice, not by his precepts.

31. आदमी गलतियों का पुतला है। :
(i) Man is a bundle of errors.
(ii) No one is born without faults; he is best who is beset by fewest.

32. आदमी के गुणों का अंदाजा उसे देखकर नहीं लगाया जा सकता। :
(i) Appearances can be deceptive.
(ii) A beard was never the time standard of brains.

33. आदमी जोड़े पली-पली, राम उड़ावे कुप्पा। : Man proposes, God disposes.

34. आदमी पानी का बुलबुला है। : Life is transient.

35. आदि बुरा, तो अंत बुरा। : (i) A bad beginning makes a bad ending.
(ii) The anchor comes home.

36. आधा तजे सो पंडित, सर्वस्व तजे सो गंवार। : Half a loaf is better than no bread.

37. आधी छोड़ सारी को धावे, आधी मिले न सारी पावे। : (i) He who pursues two hares catches neither.
(ii) A bird in hand is worth two in the bush.

38. आप काज महाकाज। : (i) Self effort, self gain.
(ii) Nothing ventured, nothing gained.

39. आपकी सीख आपको मुबारक। : Practise what you preach.

40. आपत काल में सब जायज। : (i) Emergency knows no law.
(ii) All is fair in love and war.

41. आप भला तो जग भला। : Good mind, good find.

42. आप मरे जग प्रलय। : (i) Death's day is doomsday.
(ii) After me, the Deluge.

43. आपस का झगड़ा दोनों की बरबादी। : To fight like Kilkenny cats.

44. आप हारे, बहू को मारे। : They whip the cat if the mistress does not spin.

45. आप अपने फंदे में फंस जाना। अपनी लगायी आग में आप जल जाना। : (i) To be hoist with one's own petard.
(ii) To fall into one's own trap.

46. आ बैल मुझे मार। : (i) To ask for trouble.

(ii) To dig one's own grave.

47. आबरू जग में रहे तो जानिए। : A good name is better than a golden girdle.

48. आम के आम, गुठलियों के दाम। : A dime a dozen.

49. आम खाने से काम रखना, पेड़ गिनने से नहीं। : Don't bother about the means, but concern yourself with the outcome.

50. आम फले झुक जाए, अरंड फले इतराए। : (i) Humility is the sign of greatness.

(ii) The fruit-laden tree bends, the bare one stands arrogantly upright.

51. आमने-सामने झूठ नहीं बोला जाता। : Face to face the truth comes out.

52. आये थे हरि भजन को ओटन लगे कपास। : Set out for the church, but stand in the lurch.

53. आये सेर, खाए सवा सेर। : He has a large mouth but a small girdle.

54. आये तो सारा, जाये तो सारा। : Either win the horse or lose the saddle.

55. आरंभ अच्छा तो काम हुआ ही समझो। : Well begun is half done.

56. आलस्य गरीबी की जड़ है। : Indolence is the root cause of poverty.

57. आवश्यकता आविष्कार की जननी है। : Necessity is the mother of invention.

58. आसमान पर थूका मुंह पर आता है। : Slander rebounds on the slanderer.

59. आसमान से गिरा, खजूर में अटका। : From the frying pan into the fire.

60. आशा दुख की जननी। : Expectation breeds sorrow.

61. औरों को नसीहत खुद मियां फजीहत। (पर उपदेश कुशल बहुतेरे, जे आचरहिं ते नर न घनेरे।) : An ounce of example is better than a ton of precept.

## इ-ई

1. इंतजार का फल मीठा। : The rewards of patience are sweet.

2. इंतजार की घड़ियां लम्बी। : A watched kettle never boils.

3. इंतजाम ऐसा कि परिंदा भी पर न मार सके। : A foolproof arrangement.

4. इलाज से परहेज अच्छा। : Prevention is better than cure.

5. इन्सान इन्सान न रहे, उससे हैवान अच्छा। : To hold a candle to the devil.

6. इन्सान कमजोरी का पुतला है। : Man is a bundle of faults.

7. इच्छाएं अगर घोड़े होतीं तो भिखारी भी सवारी करते। : If wishes were horses, even beggars would ride them.

8. इच्छाओं का अंत नहीं। : A beggar's bowl is bottomless.

| | | |
|---|---|---|
| 9. इलाज से बचाव अच्छा। | : | Prevention is better than cure. |
| 10. इश्क अंधा होता है। | : | Love is blind. |
| 11. इश्क और मुश्क छिपाए नहीं छिपते। | : | Love and smoke cannot be concealed. |
| 12. इश्कबाजी को जवानी में ऐय्याशी, बुढ़ापे में पाप समझा जाता है। | : | To woo is a pleasure in youth, but weakness in the old. |
| 13. इस हाथ दे, उस हाथ ले। | : | (i) Robbing Peter to pay Paul.<br>(ii) Give with one hand and take with the other. |
| 14. ईंट की देवी झांवे का परसाद। | : | Like god, like blessings. |
| 15. ईद का चांद होना। | : | Once in a blue moon. |
| 16. ईमानदारी सबसे अच्छी नीति है। | : | Honesty is the best policy. |
| 17. ईर्ष्या कभी तृप्त नहीं होती। | : | Jealousy is the canker of the heart. |
| 18. ईश्वर की गति ईश्वर जाने। | : | Mysterious are the ways of God. |
| 19. ईश्वर की बनाई हुई प्रत्येक वस्तु इन्सान की बनाई हुई वस्तु से बेहतर होती है। | : | (i) Fingers were made before forks.<br>(ii) God made the country and man made the town. |
| 20. ईश्वर की माया, कहीं धूप कहीं छाया। | : | (i) Ups and downs are part and parcel of life.<br>(ii) Life is not just beer and skittles. |

21. ईश्वर के दरबार में देर है, पर अंधेर नहीं। : (i) God's mill grinds slowly but surely.
(ii) God comes with leaden feet but strikes with iron hands.
(iii) God's justice may be delayed, but never denied.

22. ईश्वर राखे जैसे खुश रहो तैसे। : (i) Those also serve who stand and wait.
(ii) We must accept our lot in life.

23. ईश्वर की इच्छा बलवान है। : God's great power is in the gentle breeze, not in the storm.

1. उंगली दी तो पहुंचा पकड़ा। : Give him an inch and he will take a yard.

2. उजला–उजला सभी दूध नहीं होता। : All that glitters is not gold.

3. उतर गई लोई, तो क्या करेगा कोई। : A wounded reputation is seldom cured.

4. उतावला, सो बावला। : (i) Haste makes waste.
(ii) More haste, less speed.

5. उतने पांव पसारिए जितनी चादर होय। : Cut your coat according to your cloth.

6. उधार दीजै, दुश्मनी कीजै। : (i) Bear and forbear.
(ii) Neither a borrower, nor a lender be.

7. उत्तम विद्या लीजिये, तदपि नीच में होय। : (i) If the cap fits, wear it.
(ii) The greatest truths are the simplest.

8. उन्नतिशील व्यक्ति के सामने सभी झुकते हैं। : All worship the rising sun.

9. उन्नति के पीछे अवनति। : Every rise has a fall.

10. उचित समय पर ही कार्य कर लेना बेहतर है। : A stitch in time saves nine.

11. उपयोग करने से वस्तु ठीक रहती है। : The used key is always bright.

12. उम्मीद पर दुनिया कायम है। : Hope sustains life.

13. उम्मीदों का चमन हमेशा हरा-भरा रहता है। : Hope springs eternal in the human breast.

14. उल्टा चोर कोतवाल को डांटे। : The pot calls the kettle black.

15. उल्टे बांस बरेली को। : To carry coals to Newcastle.

16. ऊंची दुकान, फीका पकवान। : Great cry, little wool.

17. ऊंट किस करवट बैठेगा ? : See which way the wind blows.

18. ऊंट बहै गधे थाह ले। : Fools rush in where angels fear to tread.

19. ऊंट के मुंह में जीरा। : A drop in the ocean.

20. ऊंट चढ़े कुत्ता काटे। : Embark first, debark last.

21. ऊंट मक्का को ही भागता है। : Water finds its own level.

| | | |
|---|---|---|
| 22. ऊधो का लेना न माधो का देना। | : | (i) To remain neutral.<br>(ii) To mind one's own business.<br>(iii) Not to poke one's nose in others' affairs. |
| 23. उसकी अक्ल चरने गई। | : | His wits are gone wool-gathering. |

❑❑

# ए

| | | |
|---|---|---|
| 1. एक अनार सौ बीमार। | : | One woman and a hundred suitors. |
| 2. एक अकेला, दो ग्यारह। | : | Two heads are better than one. |
| 3. राम मिलाई जोड़ी,<br>एक अंधा एक कोढ़ी। | : | Adversity brings in strange bedfellows. |
| 4. एक को बैंगन बैरी,<br>दूसरे को पथ्य। | : | One man's food is another man's poison. |
| 5. एक और एक ग्यारह होते हैं। | : | Unity is strength. |
| 6. एक चुप हजार सुख। | : | It is a wise head that makes the still tongue. |
| 7. एक झूठ के पीछे सैकड़ों<br>झूठ बोलने पड़ते हैं। | : | One lie leads to a hundred lies. |
| 8. एक तिनके से पता चल जाता है<br>कि हवा किस ओर बह रही है। | : | A straw shows which way the wind blows. |
| 9. एक तो अंधे को खिलाओ,<br>फिर घर छोड़कर आओ। | : | To dance and then pay the piper. |

| | | |
|---|---|---|
| 10. एक तो करेला,<br>दूजे नीम चढ़ा। | : | (i) A pimple upon an ulcer.<br>(ii) A bad man in bad company. |
| 11. एक तो चोरी, दूसरे सीनाजोरी। | : | Defending the indefensible. |
| 12. एक तन्दुरुस्ती हजार नेमत। | : | Health is wealth. |
| 13. एक थैली के चट्टे-बट्टे। | : | A chip of the old block. |
| 14. एक दर बन्द, हजार दर खुले। | : | When one door closes a hundred open. |
| 15. एक दिन मेहमान,<br>दो दिन मेहमान,<br>तीसरे दिन बला-ए-जान। | : | (i) The first day a man is a guest; the second, a burden; the third, a pest.<br>(ii) Fish and visitors smell in three days. |
| 16. एक नथ और दो बहुएं—<br>बात कैसे पटेगी ? | : | Two dogs and a bone never agree. |
| 17. एक नजीर, सौ नसीहत। | : | An ounce of example is better than a ton of precept. |
| 18. एक नींबू मनों दूध फाड़<br>देता है। | : | A little lime can sour the milk. |
| 19. एक पंथ दो काज। | : | To kill two birds with one stone. |
| 20. एक परहेज सौ इलाज। | : | Prevention is better than cure. |
| 21. एक पापी सारी नाव डुबाए। | : | (i) A single hole sinks the boat.<br>(ii) One bad apple spoils the basket. |
| 22. एक फूल के खिलने से<br>बहार नहीं आती। | : | One swallow does not make a summer. |
| 23. एक बार मुंह से लगा खून<br>कभी नहीं छूटता। | : | Once a whore, always a whore. |

| | | |
|---|---|---|
| 24. एक बिल वाला चूहा आसानी से पकड़ा जाता है। | : | To live under a cat's foot. |
| 25. एक मछली सारे तालाब को गंदा कर देती है। | : | A black sheep infects the whole flock. |
| 26. एक म्यान में दो तलवारें। | : | (i) Two swords in one scabbard.<br>(ii) Two suns in the sky. |
| 27. एक से दो भले। | : | Two heads are better than one. |
| 28. एक हाथ देना, दूजे हाथ लेना। | : | The hand that gives, gathers. |
| 29. एक हाथ से ताली नहीं बजती। | : | (i) It takes two to make a quarrel.<br>(ii) You can't clap with one hand. |
| 30. एक ही साधन पर निर्भर करने वाला पछताता है। | : | Never keep all your eggs in one basket. |
| 31. एकै साधे सब सधे, सब साधे सब जाय। | : | All covet, all lose. |
| 32. एड़ियां रगड़-रगड़ कर मरना। | : | To die a lingering death. |
| 33. ऐरे-गैरे नत्थू खैरे। | : | Tom, Dick and Harry. |

❑❑

# ओ–औ

1. ओखली में सिर दिया तो मूसलों का क्या डर। : (i) He who would catch fish must not mind getting wet.
   (ii) Those who handle thorns must suffer pain.
   (iii) What cannot be cured, must be endured.
   (iv) Over shoes, over boots.
2. ओछा बर्तन जल्दी उबलता है। : A little pot soon gets hot.
3. ओछी पूंजी खसम को खाय। : (i) An empty bag cannot stand upright.
   (ii) Borrowed garments never fit well.
4. ओस चाटे प्यास नहीं बुझती। : (i) The dew can never slake one's thirst.
   (ii) The chicken have to be first slaughtered before the curry can be enjoyed.
5. औसान बुलंद रखो। : Hitch your wagon to a star.

# क

1. कंगाली में आटा गीला। : Misfortunes never come alone.
2. कई मुल्लों में मुर्गी हराम। : Too many cooks spoil the broth.
3. कट्टरता अज्ञानी को खतरनाक। : Mattle is dangerous in a blind horse.
4. कठिनाइयों का सामना करना ही उनसे मुक्ति पाने का सर्वोत्तम उपाय है। :
   (i) The best way out of a difficulty is to wade through it.
   (ii) Do not yield to misfortunes, but meet them with fortitude.
   (iii) When the going gets tough, the tough get going.
5. कड़वी बेल बड़ी तेजी से बढ़ती है। : Weeds always grow wild.
6. कथनी और करनी में बड़ा अन्तर है। :
   (i) There is a world of difference between precept and practice.
   (ii) Example is better than precept.
   (iii) It is not easy to walk the talk.
7. कथनी से करनी भली। : An hour of performance is worth more than a lifetime of promises.
8. कद्र खो देता है रोज का आना जाना। : Familiarity breeds contempt.

| | | |
|---|---|---|
| 9. | कपट की प्रीति मरन की रीति। | : It is better to be bowled out than to play foul. |
| 10. | कबूतर कबूतर के साथ, बाज बाज के साथ। | : Birds of a feather flock together. |
| 11. | कब्जा सच्चा, मुकदमा झूठा। | : Possession is nine points of the law. |
| 12. | कभी के दिन बड़े कभी की रात। | : Every day is not Sunday. |
| 13. | कभी घी घना, कभी मुट्ठी भर चना, कभी वह भी मना। | : All times are not alike. |
| 14. | कभी नाव गाड़ी पर, कभी गाड़ी नाव पर। | : (i) Life is full of ups and downs.<br>(ii) Every dog has its day. |
| 15. | कमजोर सदा मार खाता है। | : The weakest go to the wall. |
| 16. | कम दाम, ज्यादा लाभ। | : Light pains make heavy gains. |
| 17. | कम बोलना सभ्यता की निशानी है। | : A quiet tongue shows a wise head. |
| 18. | कमर कस ली तो मंजिल मिली समझो। | : Fortune favours the brave. |
| 19. | कमान से निकला तीर और मुंह से निकली बात वापस नहीं आती। | : (i) Wounds heal but not ill words.<br>(ii) Words and arrows can never be recalled. |
| 20. | कमाई में हाथ गंदे करने ही पड़ते हैं। | : You have to soil your hands to earn a livelihood. |

| | | |
|---|---|---|
| 21. करत करत अभ्यास के जड़मति होत सुजान। करता उस्ताद, न करता शागिर्द। | : | (i) Practice makes a man perfect.<br>(ii) Hair by hair you will pull out the horse's tail.<br>(iii) Slow and steady wins the race. |
| 22. कर्म ही पूजा है। | : | Work is worship. |
| 23. बुरे काम का बुरा नतीजा। | : | (i) Evil begets evil.<br>(ii) You reap as you sow. |
| 24. कर भला, हो भला। | : | One good turn deserves another. |
| 25. करनी न खाक की, बात मारे लाख की। | : | (i) All talk, no work.<br>(ii) Much smoke, little fire. |
| 26. करिये मन की, सुनिये सब की। | : | (i) Dogs bark, but the caravan moves on.<br>(ii) Age considers, youth ventures. |
| 27. कर सेवा, खा मेवा। कर भला, हो भला। | : | As you sow so shall you reap. |
| 28. करे उल्लू, भरे लल्लू। करे कोई, भरे कोई। | : | (i) One does the deed, another bears the shame.<br>(ii) One slays, another pays. |
| 29. करे सो डरे। | : | A guilty conscience needs no excuse. |
| 30. करे मूंछों वाला, पकड़ा जाए दाढ़ी वाला। कसूर करे कोई, पकड़ा जाए कोई। | : | (i) One does the deed, another bears the shame.<br>(ii) One slays, another pays. |

31. कल किसने देखा है! : Who has seen tomorrow!

32. कलम तलवार से भी अधिक ताकतवर होती है। : The pen is mightier than the sword.

33. कहना आसान, करना मुश्किल। : Easier said than done.

34. कहने से कुम्हार गधे पर नहीं चढ़ता। : You may lead a horse to water but you cannot make it drink.

35. कहां राम राम, कहां टें-टें। : Praise a fair day at night.

36. कहीं गधा भी घोड़ा बन सकता है। : An ass can never become a horse.

37. कहीं पर निगाहें कहीं पर निशाना। : (i) To look one way, and row another.
(ii) Looking to London and talking to Tokyo.

38. कहीं बूढ़े तोते भी पढ़ते हैं। : An old dog learns no new tricks.

39. कहीं की ईंट कहीं का रोड़ा, भानुमती ने कुनबा जोड़ा : A marriage of convenience.

40. कहे खेत की, सुने खलिहान की। : I talk of chalk, and you talk of cheese.

41. का वर्षा जब कृषि सुखाने। : (i) After death, the doctor.
(ii) After meat, mustard.

42. काजी दुबले क्यों? शहर के अंदेशे से। : Uneasy lies the head that wears the crown.

43. काटे नहीं, तो फुंकार जरूर मार दे। : His bark is worse than his bite.

| | | |
|---|---|---|
| 44. कांटे से कांटा निकलता है। | : | Use a thorn to remove a thorn. |
| 45. काठ की हंडिया बार-बार नहीं चढ़ती। | : | You cannot fool all the people all the time. |
| 46. काठ का उल्लू। | : | Bloody fool! |
| 47. कानी के ब्याह में सौ जोखम। | : | There is many a slip between the cup and the lip. |
| 48. कानून छोटे अपराधी को पकड़ता है, बड़े को नहीं। | : | (i) The law catches flies, but lets hornets go free.<br>(ii) The big fish always go scot free. |
| 49. काबुल में भी गधे होते हैं। | : | Even paradise has its share of fools. |
| 50. काम उतना ही करो जितना तुम्हारी समाई में हो। | : | Never take on more than you can handle. |
| 51. काम को काम सिखाता है। | : | It is the working that makes a workman. |
| 52. काम-धाम में आलसी, भोजन में होशियार। | : | (i) The cats love fish but fear to wet their paws.<br>(ii) Lazy on the shop floor, but active at the dining table. |
| 53. काम नहीं तो दाम कैसा। | : | A horse that will not carry a saddle must have no oats. |
| 54. काम प्यारा है, चाम नहीं। | : | Handsome is as handsome does. |
| 55. काम से ही कारीगर की पहचान होती है। | : | A carpenter is known by his tools. |
| 56. काम रहे तो काजी, न रहे तो पाजी। | : | When the cow is old, she is soon sold. |

57. काम ही काम, न कोई मोद, न आराम, फिर कैसे चमके चिपटू राम। : All work and no play makes Jack a dull boy.

58. कायर जीवन में कई बार मरते हैं। : Cowards die a thousand deaths.

59. कार रखूं और पैदल भी चलूं। : Don't keep a dog and bark yourself.

60. काल के पेट में हर चीज समा जाती है। : Time devours all things.

61. काल को कोई टाल नहीं सकता। : Nobody can stop the inevitable.

62. काला अक्षर भैंस बराबर। : This is Greek to me.

63. काली कामरी चढ़े न दूजो रंग। : Black will take no other hue.

64. काली मां के गोरे बच्चे। : A black hen also lays white eggs.

65. काले के आगे चिराग नहीं जलता। : Never hold a candle to the devil.

66. किए का फल भोगो। : As you sow, so shall you reap.

67. किया चाहे चाकरी, राखा चाहे मान। : It is better to die with honour than live in shame.

68. किसान चाहे वर्षा, कुम्हार चाहे सूखा। : The farmer hopes for rain, the potter for drought.

69. किसी का घर जले, कोई तापे। : To fish in troubled waters.

70. किसी की जान गई, आपकी अदा ठहरी। : (i) Let another's shipwreck be your sea-mark.
(ii) One man's loss is another's gain.

71. किसी के लिए कुआं खोदो, तो अपने लिए खाई तैयार समझो। : As you sow, so shall you reap.

72. किसी के भी दिन सदा एक-जैसे नहीं रहते। : All days are never the same.

73. किस्मत किसी को तख्त देती है, किसी को तलवार। किस्मत अपनी-अपनी। : Fortune does not smile alike.

74. कीचड़ उछालो, कुछ तो लगेगा। : Throw mud and some of it will stick.

75. किसी को बैंगन पच, किसी को कुपच। किसी को बैंगन बैरी किसी को बैंगन पथ्य। : One man's food is another man's poison.

76. कुएं के मेढ़क को कुआं जहान। : A frog in the pond thinks it's the ocean.

77. कुछ खोकर ही सीखते हैं। : One learns through one's failures.

78. कुछ न होने से तो कुछ होना अच्छा। : Something is better than nothing.

79. कुछ नहीं से थोड़ा भला। : Half a loaf is better than none.

80. जहां आग वहीं धुंआ। : No smoke without fire.

81. कुछ बुद्धिमान होते हैं, कुछ बुद्धिहीन। : Some are wise, some are otherwise.

| | | |
|---|---|---|
| 82. कुत्ता पाले, पहरा दे। | : | To keep a dog and bark yourself. |
| 83. कुत्ते का कुत्ता बैरी। | : | Two of a trade seldom agree. |
| 84. कुत्ते की दुम बारह बरस गाड़ो, फिर भी टेढ़ी की टेढ़ी। | : | A dog's tail is always crooked. |
| 85. कुत्ते के भौंकने से हाथी नहीं डरता। | : | Dogs bark but the caravan moves on. |
| 86. कुत्ते को घी नहीं पचता। | : | An upstart always grows haughty. |
| 87. कुत्ते की मौत मरना। | : | To die a dog's death. |
| 88. कुत्ते-बिल्ली जैसा वैर। | : | To live a cat-and-dog life. |
| 89. कुदरती चीजें कुदरती होती हैं और बनावटी बनावटी। | : | Fingers were made before forks. |
| 90. कुम्हार के घर बासन का काल। | : | Nearer the church, farther from God. |
| 91. कुलीनता से सच्चरित्रता श्रेयस्कर है। | : | Better have a good cow than a cow of good breed. |
| 92. कुसंगत से अकेला ही भला। | : | No company is better than bad company. |
| 93. कुएं में दरिया नहीं भरा जा सकता। | : | One cannot empty the ocean into a pond. |
| 94. कूद-कूद मछली बगुले को खाए। | : | A pack of wild dogs can vanquish a tiger. |
| 95. केले के पात में पात पात में पात; पंडित की बात में बात बात में बात। | : | A learned man is a tank, a wise man is a spring. |

96. कोई ओढ़े शाल दुशाला कोई ओढ़े कम्बल काला। : Beggars bleed and rich men feed.

97. कोई काम अधूरा मत करो। : Never do things by halves.

98. कोई काम तब तक आरंभ मत करो जब तक उसकी पूरी तैयारी नहीं हो। : Draw not your bow till your arrow is fixed.

99. कोई दूध का धोया नहीं है। : (i) Nobody is pure as milk.
(ii) There is a skeleton in every cupboard.

100. कोई भी व्यक्ति एक समय में दो काम नहीं कर सकता। : (i) Blow first and sip afterwards.
(ii) Always do one thing at a time.

101. कोई माल से मस्त, कोई खाल से मस्त। : Some are born great, some achieve greatness and some have greatness thrust upon them.

102. कोई भी सर्वगुणसम्पन्न नहीं। : No one is perfect.

103. कोई मां के पेट से सीखकर नहीं आता। : Nobody is born wise.

104. कोठी वाला रोवे, छप्पर वाला सोवे। : Uneasy lies the head that wears the crown.

105. कोई मरे या जिये बन्दर बताशा पिये। : Man may come and man may go, but mankind shall go on forever.

106. कौड़ी-कौड़ी बचाओ, लाखों रुपये पाओ। : (i) Take care of the pennies and the pounds will take care of themselves.
(ii) Drop by drop the ocean is formed.

| | | | |
|---|---|---|---|
| 107. | कौड़ियों के मोल। | : | At a throwaway price. |
| 108. | कौड़ी नहीं पास,<br>मेला लगे उदास। | : | An empty bag cannot stand upright. |
| 109. | कोयला होय न ऊजला,<br>नौ मन साबुन खाय। | : | A leopard cannot change its spots. |
| 110. | कोयले की दलाली में<br>हाथ काले। | : | Lie with dogs,<br>get up with fleas. |
| 111. | कोयलों पर मुहर,<br>हीरों की लूट। | : | Penny wise, pound foolish. |
| 112. | कोल्हू के बैल की तरह काम करना। | : | To work like the washerman's donkey. |
| 113. | कोरा जवाब पाना। | : | To get a flat refusal. |
| 114. | कौआ अपने बच्चों को ही सबसे सुन्दर समझता है। | : | The crow thinks her own young the fairest. |
| 115. | कौआ कहे कोयल काली। | : | The pot calls the kettle black. |
| 116. | कौआ चला हंस की चाल,<br>अपनी भी भूल गया। | : | (i) Shining in borrowed plumes.<br>(ii) Hairy bear in bull's clothing. |
| 117. | कौवों के कोसे ढोर नहीं मरते। | : | Solid worth is not sullied by slander. |

# ख

| | | |
|---|---|---|
| 1. | खग ही जाने खग की भाषा। | : Few save the poor feel for the poor. |
| 2. | खतरे ही खतरे को टालते हैं। | : Diamond cuts diamond. |
| 3. | खरबूजे को देखकर खरबूजा रंग बदलता है। | : (i) Association inevitably breeds affinity.<br>(ii) Society moulds men. |
| 4. | खरी मजूरी, चोखा काम। | : A fair day's work for a fair day's wage. |
| 5. | खरे सोने को कसौटी का क्या भय। | : A good anvil does not fear the hammer. |
| 6. | खाइए मन भाता,<br>पहनिए जग भाता।<br>खाना अपनी पसंद का और<br>पहनना दूसरों की पसंद का। | : Eat to taste, dress to please. |
| 7. | खाए सो पछताए,<br>न खाए सो पछताए। | : It is better to marry and repent than to not marry and regret. |
| 8. | खाओ तो बैंगन से,<br>न खाओ तो बैंगन से। | : Hobson's choice. |
| 9. | खान-पान में आगे,<br>कामकाज से भागे। | : All cats love fish but fear to wet their paws. |
| 10. | खाना पराया है,<br>पर पेट तो पराया नहीं है। | : He can never be God's martyr who is the devil's servant. |

| | | |
|---|---|---|
| 11. खाने के बिना किसी का भी काम नहीं चलता। | : | Lips, however rosy, must be fed. |
| 12. खाने के दांत और, दिखाने के और। | : | (i) A sheep in wolf's clothing.<br>(ii) An ass in a lion's skin. |
| 13. खामोश नीम रजा। | : | Silence is half-consent. |
| 14. खाली गिलास से आधा (भरा) गिलास बेहतर है। | : | Half a loaf is better than none. |
| 15. खाली दिमाग शैतान का घर। | : | An empty mind is the devil's workshop. |
| 16. खाली बातों से पेट भरना। | : | Empty words cannot fill one's stomach. |
| 17. खा ले पहन ले, सो अपना। | : | Eat, drink and be merry, for tomorrow we may die. |
| 18. खिसियानी बिल्ली खंभा नोचे। | : | (i) Barking up the wrong tree.<br>(ii) Kicking against the pricks. |
| 19. खुदरा फजीहत, दीगरां नसीहत। | : | Be slow to promise but quick to perform. |
| 20. खुदा की लाठी में आवाज नहीं होती। | : | (i) God's ways work silently.<br>(ii) God's mills grind silently. |
| 21. खुदा गंजे को नाखून नहीं देता। | : | Curst cows have short horns. |
| 22. खूब कीचड़ उछालो, दाग तो लगेगा ही। | : | (i) Throw mud and some of it will stick.<br>(ii) Slander leaves a scar. |
| 23. खूबसूरती गहनों की मोहताज नहीं। | : | Beauty needs no ornaments. |
| 24. खूबसूरती विरासत में नहीं मिलती। | : | Beauty is not inherited. |

25. खोदा पहाड़, निकली चुहिया। : (i) Great boast, little roast.
(ii) Much ado about nothing.

26. ख्याली पुलाव से पेट नहीं भरता। : Fine feathers do not make fine birds.

□□

## ग

1. गइया गाभित बर्धा गाभित। : He may bear a bull that has borne a calf.

2. गंगा गए तो गंगादास, जमुना गए तो जमुनादास। : When in Rome, do as the Romans do.

3. गंगा नहाने से गधा घोड़ा नहीं बनता। : Send a fool to France and he will still come back a fool.

4. गंगोत्री ही गंदी हो, तो गंगा में बदबू होगी ही। : If the source itself is polluted, the water is bound to be dirty.

5. गंजा होने पर ही बालों का महत्त्व पता चलता है। : The worth of a thing is in its want.

6. गड़े मुर्दे मत उखाड़ो। : (i) Let bygones be bygones.
(ii) Let sleeping dogs lie.

7. गधा खेत खाए, जुलाहा मारा जाए। : One slays, another pays.

8. गधा पीटने से घोड़ा नहीं बन जाता। : You cannot whip an ass and make it a horse.

9. गधे से घोड़े का काम नहीं लिया जा सकता। : You can't make a silk piece out of a sow's skin.

| | | |
|---|---|---|
| 10. गया वक्त फिर हाथ नहीं आता। | : | Time and tide wait for none. |
| 11. गए थे नमाज बख्शवाने, रोजे गले पड़े। | : | Go for wool and come home shorn. |
| 12. गरज आदमी को सभी तरह का नाच नचाती है। | : | Need makes a man dance to different tunes. |
| 13. गरज बावली होती है। | : | Self-interest knows no law. |
| 14. गरीब की जोरू सबकी भाभी। | : | Adversity makes strange bed-fellows. |
| 15. गरीब पर सभी दो बोरे अधिक लादते हैं। | : | The little boy always carries the greatest fiddle. |
| 16. गरीबी झगड़े की जड़ है। | : | Poverty breeds strife. |
| 17. गरीबी बहुत कुछ सिखा देती है। | : | Adversity is the best school of teaching. |
| 18. गरीबी सौ ऐबों का एक ऐब है। | : | Poverty is the greatest sin. |
| 19. गरीबों ने रोजे रखे, तो दिन बड़े हो गए। | : | A light purse is a heavy curse. |
| 20. गर्दिश में दोस्त भी दुश्मन बन जाते हैं। | : | Misfortune turns friends into foes. |
| 21. गलती अच्छे-अच्छों से भी हो जाती है। गलती इन्सान से ही होती है। | : | No one is born without faults, he is best who is beset by fewest. |
| 22. गलती को मानना गलती की सजा पाना है। | : | A fault confessed is half redressed. |
| 23. गलती न मानने से छोटी गलती भी बड़ी हो जाती है। | : | Denials make little faults great. |

24. गया वक्त फिर हाथ नहीं आता। : A lost opportunity never returns.

25. गांठ का पूरा, आंख का अंधा। : Pigs in clover.

26. गिरजे के नजदीक, खुदा से दूर। : Nearer the church, farther from God.

27. गिरा गधे से, गुस्सा कुम्हार पर। : (i) To bark up the wrong tree. (ii) An angry man opens his mouth and shuts his eye.

28. गीदड़ की शामत आए तो शहर की तरफ भागे। : Those whom the Gods want to destroy, they first make mad.

29. गुड़ खाना और गुलगुलों से परहेज। : To swallow a camel but strain at a gnat.

30. गुड़ दिए मरे तो जहर क्यों दीजे ? : Take not a musket to kill a fly.

31. गुड़ न दे, गुड़ जैसी बात तो करे। : Civility costs nothing but buys everything.

32. गुड़ कहने से मुंह मीठा नहीं होता। : Bare words buy no barley.

33. गुनाह का अंजाम मौत है। : The wages of sin is death.

34. गुरु गुड़ ही रहा, चेले शक्कर हो गए। : (i) Streams rising above their sources. (ii) The pupil outshines the master.

35. गूंगे का कोई दूश्मन नहीं। : The deaf have no enemies.

36. गूदड़ में लाल नहीं छिपता। : Myrtle shines among nettles.

37. गेहूं के साथ घुन भी पिस जाता है। : When bulls fight, it is the grass that gets trampled.

| | | |
|---|---|---|
| 38. गोद में छोरा, शहर में ढिंढोरा। | : | To miss something right under one's nose. |

## घ

| | | |
|---|---|---|
| 1. घमंडी का सिर नीचा। | : | Pride has a fall. |
| 2. घर का जोगी जोगड़ा, आन गांव का सिद्ध। | : | No prophet is honoured in his own land. |
| 3. घर का भेदी लंका ढाए। | : | A small leak will sink a great ship. |
| 4. घर की खांड किरकिरी लगे, बाहर का गुड़ मीठा। | : | The grass always looks greener on the other side. |
| 5. घर की फूट घर को खाय। | : | (i) United we stand, divided we fall.<br>(ii) Homes where politics reigns are easy prey to intrigue. |
| 6. घर की मुर्गी दाल बराबर। | : | Familiarity breeds contempt. |
| 7. घर-घर मिट्टी के चूल्हे हैं। | : | There is a skeleton in every cupboard. |
| 8. घर फूंक तमाशा देखना। | : | (i) To kill the goose that lays the golden eggs.<br>(ii) To eat one out of house and home.<br>(iii) To keep a white elephant. |
| 9. घर में कोल्हू, तेली खाय सूखा। | : | The tailor's wife is worst clad. |

| | | | |
|---|---|---|---|
| 10. | घर में दीवा तो मन्दिर–<br>मस्जिद में दीवा। | : | Charity begins at home. |
| 11. | घर में नाहीं बोरिया,<br>सपने आई खाट। | : | A dwarf sees farther than the giant when he has the giant's shoulder to mount on. |
| 12. | घर में नहीं दाने,<br>अम्मा चली भुनाने।<br>घर में नहीं दाने,<br>शादी चले रचाने। | : | Bare larder but big invites. |
| 13. | घर में भूनी भांग नहीं और<br>बाहर न्योता दें। | : | Small wit, great boast. |
| 14. | घायल की गति घायल जाने<br>और न जाने कोय। | : | Only the wearer knows where the shoe pinches. |
| 15. | घूरे के भी दिन फिरते हैं। | : | Every dog has its day. |
| 16. | घोड़ा घास से यारी करे तो<br>खाए क्या ? | : | The horse that befriends the grass starves. |
| 17. | घोड़ा पालूं और पैदल चलूं ? | : | Keep a horse and gallop myself ? |
| 18. | घोड़े को लात,<br>आदमी को बात। | : | Nod for a wise man and rod for a fool. |

## च

| | | |
|---|---|---|
| 1. चंदन विष व्यापत नहीं, लिपटे रहत भुजंग। | : | Sludge doesn't corrupt gold. |
| 2. चंद्रमा में भी कलंक (दाग) है। | : | (i) Nothing is perfect.<br>(ii) Even the moon has spots. |
| 3. चना और चुगल मुंह लगा नहीं छूटता। | : | (i) Man is a slave to his habits.<br>(ii) Old habits die hard. |
| 4. चटपट की धानी, आधा तेल, आधा पानी | : | (i) Haste makes waste.<br>(ii) Marry in haste and repent at leisure. |
| 5. चढ़ाई से उतराई महान। | : | Peace has more virtues than war. |
| 6. चढ़ते सूरज को नमस्कार। | : | Salute the rising sun. |
| 7. चमड़ी जाए पर दमड़ी न जाए। | : | Penny wise, pound foolish. |
| 8. चरित्र गया तो सब कुछ गया। | : | When character is lost everything is lost. |
| 9. चलती का नाम गाड़ी | : | Nothing succeeds like success. |
| 10. चलत-फिरत धन पाइये, बैठे पावे कौन। | : | (i) No gains without pains.<br>(ii) God gives birds their food but they must fly for it. |
| 11. चलते घोड़े को चाबुक न मारें। | : | Do not whip a willing horse. |

| | | |
|---|---|---|
| 12. चलते दरिया में चुल्लू भर लो। | : | Make hay while the sun shines. |
| 13. चांद को भी ग्रहण लगता है। | : | (i) Every white will have its black, every sweet its sour.<br>(ii) No beauty is without blemish. |
| 14. चांद पर थूका मुंह पर आता है। | : | Spit directed at the heavens falls on one's face. |
| 15. चादर देख के पैर पसारो। | : | Cut your coat according to your cloth. |
| 16. चापलूसी का ही जमाना है। | : | It is the age of flattery. |
| 17. चाम नहीं, काम प्यारा होता है। | : | Handsome is as handsome does. |
| 18. चार अफीमी तीन हुक्के। | : | One bone and two dogs. |
| 19. चार दिन की चांदनी, फिर अंधियारी रात। | : | (i) The brightest day is followed by the darkest night.<br>(ii) Every spring is followed by autumn. |
| 20. चाह है तो राह भी। | : | Where there is a will, there is a way. |
| 21. चाह कुन रा चाह दर पेश। | : | He who digs a pit for others falls into it himself. |
| 22. चारा कम, चाबुक ज्यादा। | : | Walking on burning coals. |
| 23. चाह घटे नित के घर जाए। | : | Familiarity breeds contempt. |
| 24. चाहने से यदि सब मिल जाए, तो कोई मुहताज न रहे। | : | If wishes were horses beggars would ride them. |
| 25. चाकी फेरी चून की ढेरी। | : | All is fish that comes to his net. |

| | | |
|---|---|---|
| 26. चिंता चिता समान है। चिंता बुरी बला है। | : | Curiosity killed the cat. |
| 27. चिकनी-चुपड़ी बातों से पेट नहीं भरता। | : | Fine words butter no parsnips. |
| 28. चिकने घड़े पर पानी नहीं ठहरता। | : | Water doesn't stay on a duck's back. |
| 29. चिराग से चिराग जलता है। | : | Light kindles light. |
| 30. चित भी मेरी, पट भी मेरी। | : | Heads I win, tails you lose. |
| 31. चिराग तले अंधेरा। | : | It is always dark at the foot of the lighthouse. |
| 32. चींटी की मौत आती है तो पर निकलते हैं। | : | Give the dog a bad name and hang him. |
| 33. चींटी को मारने के लिए बन्दूक नहीं चाहिए। | : | Take not a musket to kill a fly. |
| 34. चीज न राखें अपनी, चोरन गारी दैय। | : | Careless persons blame thieves. |
| 35. चील खाली हाथ पर नहीं झपटती। | : | An empty hand is no lure for a hawk. |
| 36. चुड़ैल पर दिल आ जाए तो परी क्या चीज है। | : | In love even an ugly woman looks beautiful. |
| 37. चुड़-चुड़ कर मरना। | : | (i) To die by inches.<br>(ii) To die a lingering death. |
| 38. चुल्लू भर पानी में डूबना। | : | To drown in shame. |
| 39. चुप्पी अर्धस्वीकृति है। | : | Silence is half consent. |
| 40. चुपड़ी और दो-दो नहीं मिल सकतीं। | : | You cannot eat your cake and keep it as well. |
| 41. चुप्पा आदमी गहरा होता है। | : | Still waters run deep. |

| | | | |
|---|---|---|---|
| 42. | चूक चूक ही है, छोटी हो या बड़ी। | : | Hanged for a sheep, hanged for a lamb. |
| 43. | चूहे का बच्चा बिल ही खोदेगा। | : | (i) As the seed, so the sprout.<br>(ii) As the old cock crows, so crow the young. |
| 44. | चूहे के चाम से जूते नहीं बनते। | : | You cannot make a silk purse out of a sow's ear. |
| 45. | चूहा मारकर गोबर सुंघाना। | : | He breaks his wife's head and then buys a plaster for it. |
| 46. | चूहों की मौत, बिल्ली का खेल। | : | One man's poison is another man's food. |
| 47. | चूल्हे से निकला भाड़ में गिरा। | : | From the frying pan into the fire. |
| 48. | चोट्टी कुतिया, जलेबियों की रखवाली। | : | Set a fox to guard the geese. |
| 49. | चोर का साथी गिरहकट। | : | Hawk and hog are good friends. |
| 50. | चोर की दाढ़ी में तिनका। | : | A guilty conscience needs no excuse. |
| 51. | चोर का माल चाण्डाल खाये। | : | (i) Ill got, ill spent.<br>(ii) Easy come, easy go. |
| 52. | चोर के घर मोर। | : | Catch a weasel asleep. |
| 53. | चोर को चोर ही पहचाने। | : | Set a thief to catch a thief. |
| 54. | चोर-चोर मौसेरे भाई। | : | Birds of a feather flock together. |
| 55. | चोर चोरी से जाए, हेराफेरी से न जाए। | : | Wolves may lose their teeth but not their temper. |

| | | |
|---|---|---|
| 56. चोरी का गुड़ मीठा लागे। चोरी के आम मीठे। | : | (i) Stolen kisses are always sweeter. (ii) Forbidden fruits are sweet. |
| 57. चोरी तो चोरी, चाहे एक की या लाख की। | : | Hanged for a sheep or for a lamb is all the same. |
| 58. चोरी के बाद चौकसी। चोरी पीछे होशियारी। | : | (i) Lock the stable after the horses have bolted. (ii) To be wise after the event. |
| 59. चोरी का माल, कुछ धर्म खाते, बाकी हलाल। | : | Ill gotten wealth never lasts long. |
| 60. चोरी का माल मोरी में। | : | Ill got, ill spent. |
| 61. चौबे जी गये छब्बे बनने, दूबे ही रह गये। | : | Go for wool and come home shorn. |

❑❑

# छ

| | | |
|---|---|---|
| 1. छाज बोले सो बोले, छलनी क्यों बोले जिसमें नौ सौ छेद। | : | Pot calls the kettle black. |
| 2. छुपे रुस्तम निकले। | : | You turned out to be a sly man. |
| 3. छुरी खरबूजे पर गिरे या खरबूजा छुरी पर, नुकसान खरबूजे का ही है। | : | It is impossible to love and be wise. |
| 4. छूते ही सोना होये। | : | He has the devil's luck. |
| 5. छोटे आदमी को थोड़ी भी छूट दो तो वह उसका बेजा फायदा उठाता है। | : | Give him an inch and he will take a yard. |
| 6. छोटा मुंह, बड़ी बात। | : | Small wit, great brag. |
| 7. छोटी-सी गलती, भयंकर हानि है। | : | A small leak will sink a great ship. |
| 8. छिमा बड़न को चाहिये छोटन को उत्पात। | : | To err is human, to forgive divine. |
| 9. छप्पर पै फूस नहीं, द्वार पे नक्कारा। | : | Wealth is not his that has it, but his that enjoys it. |
| 10. छाती पर मूंग दलना। | : | To torment. |

# ज

1. जड़ खोदते जाएं, पानी देते जाएं। : A truce flag in one hand and a sword in the other.
2. जतन करो तो पाओगे। : No pain, no gain.
3. जनता की आवाज ईश्वर की आवाज। : The voice of the people is the voice of God.
4. जननी जन्मदायिनी और विश्वविधायिनी है। : The hand that rocks the cradle rules the world.
5. जने-जने की लकड़ी, एक जने का बोझ। : Many a little makes a mickle.
6. जब चने थे, तब दांत न थे, जब चने भये, तो दांत नहीं। : God sends nuts to those who have no teeth.
7. जब चेते तभी भला। : It is never too late to mend.
8. जब तक आफत आती नहीं तब तक उसकी फिक्र में घुलो नहीं। : Do not brood over forebodings.
9. जब चाहे तब। : At one's own sweet will.
10. जवाब तलब करना। : To bring to book.
11. जब तक जीना तब तक सीना। : Do not yield to misfortunes, but meet them with fortitude.
12. जब तक सांस तब तक आस। : (i) Man lives on hope. (ii) Hope rests eternal.
13. जब ईश्वर देता है तो छप्पर फाड़ कर देता है। : The gifts of God sometimes choose strange channels.

| | | | |
|---|---|---|---|
| 14. | जब सभी बोलेंगे तो सुनेगा कौन ? | : | When all speak, who will listen? |
| 15. | जब कुर्सी अफसर पर सवार तो उल्टी गंगा बहे। | : | Power tends to corrupt, absolute power corrupts absolutely. |
| 16. | जबर्दस्त सबका जमाई। | : | Might is right. |
| 17. | जबान का कड़वा, मन का साफ। | : | Clean at heart but harsh of tongue. |
| 18. | जबान शींरीं मुल्क गीरीं। | : | A soft/polite tongue is a good weapon. |
| 19. | जबान का घाव तलवार के घाव से गहरा होता है। | : | Wounds heal but not ill words. |
| 20. | जबान ही हाथी चढ़ावे जबान ही सर कटावे। | : | Let not your tongue cut your throat. |
| 21. | जमाने के साथ चलो। | : | Move with the times. |
| 22. | जने-जने का समुआ रखती, वेश्या हो गई बांझ। | : | What you lose on the swings you get on the roundabouts. |
| 23. | जरा-सी किलनी, नौ मन काजर। | : | The door is wider than the house. |
| 24. | जरूरत पर गधे को भी बाप बनाना पड़ता है। | : | (i) In times of need one has to bow before the buffoon. |
| | जरूरत के समय सब उचित है। | | (ii) All is fair in love and war. |
| 25. | जरूरतमंद क्या नहीं करता। | : | Necessity is the mother of invention. |
| 26. | जल में रहकर मगर से बैर। | : | Never quarrel with the crocodile when in the river. |
| 27. | जले को मत जलाओ। | : | Don't add insult to injury. |

| | | |
|---|---|---|
| 28. जवानी की अपनी ही मस्ती होती है। | : | (i) The young will sow their wild oats.<br>(ii) Youth has its own charm. |
| 29. जवानी में हाजी, बुढ़ापे में पाजी। | : | Revolutionary in youth, conservative in old age. |
| 30. जहां काम आवे सुई, कहां करे तलवार। | : | Little sticks kindle the fire, but big ones put it out. |
| 31. जहां जाय भूखा, वहां पड़े सूखा। | : | Misfortunes carry shadows. |
| 32. जहां गुड़ होगा, वहां मक्खियां आएंगी। | : | Wherever there is a flame burning, there are moths ready to die. |
| 33. जहां चाह, वहां राह। | : | Where there is a will, there is a way. |
| 34. जहां खुशी, वहां रंज। | : | He who laughs on Friday will weep on Sunday. |
| 35. जहँ-जहँ चरण पड़े सन्तन के, तहँ-तहँ बंटाधार। | : | It taints all it touches and leaves a trail of destruction. |
| 36. जहां-जहां धुआं, वहां-वहां आग। | : | No smoke without fire. |
| 37. जहां नहीं पेड़, वहां अरंड ही पेड़। | : | A titan among the mediocre. |
| 38. जहां निराशा, वहां आशा। | : | Every cloud has a silver lining. |
| 39. जहां हों मूर्ख, वहां अक्ल की बात क्यों? | : | Where ignorance is bliss, it is a folly to be wise. |
| 40. जहां फूल, वहां कांटा। | : | No rose is without a thorn. |

41. जहां मिले पांच माली, वहां बाग सदा खाली। : Too many cooks spoil the broth.

42. जहां मुर्गा नहीं होता, वहां क्या सवेरा नहीं होता ? : Dawn arrives even without a crowing rooster.

43. जहां लड़ाई वहां सभी कायदे-कानून बेकार। : Where drums beat, laws are silent.

44. जहां सत्यानाश, वहां सवा सत्यानाश। : Over shoes, over boots.

45. जहां सुख, वहां दुःख : Joy and sorrow go hand in hand.

46. जाके पांव न फटी बिवाई, सो क्या जाने पीर पराई। : Only the wearer knows where the shoe pinches.

47. जाको राखे साइयां, मार सके न कोय। : Whom God protects, no harm can befall.

48. जागते को कौन जगाए। : The awakened do not need to be woken up.

49. जागते को जगाना मुश्किल है। : None so deaf as those that won't hear.

50. जागेगा सो पावेगा। : The early bird catches the worm.

51. जाट जाटनी से पार न पावे बैल को चाबुक मारे। : They whip the cat if the mistress does not spin.

52. जाट क्या जाने लौंग का भाव। : A blind man is no judge of colours.

53. जादू वह जो सिर चढ़ कर बोले। : The proof of the pudding is in the eating.

54. जान बची सो लाखों पाए। : All is well that ends well.

55. जान है तो जहान है। : Health is wealth.

56. जिंदगी का मजा काम करते रहने में है। : (i) Work is worship.
(ii) Life is action not contemplation.
(iii) Work is the salt of life.

57. जिन्दगी छोटी-छोटी चीजों से बनती है। : Life is made up of little things.

58. जितना अधिक धन, उतनी अधिक चिन्ता। : (i) Uneasy lies the head that wears the crown.
(ii) Much coin much care.

59. जितना गुड़ डालोगे, उतना ही मीठा होगा। : The harder you work, the sweeter the rewards.

60. जितना बड़ा साम्राज्य, उतना बड़ा व्यापार। : Trade follows the flag.

61. जितना बुद्धिमान, उतना दु:खी। : (i) Life is a comedy to those who think, but a tragedy to those who feel.
(ii) Much science, much sorrow.

62. जितना ज्यादा, उतना मजा। : The more the merrier.

63. जितने मुंह, उतनी बातें। : As many mouths, as much gossip.

64. जितनी दवा की, मर्ज उतना ही बिगड़ता गया। : (i) The more you try, the more he digs his heels in.
(ii) Desperate maladies require desperate remedies.

65. जिधर रब उधर सब। : Who has God, hath all.

66. जिनका जीना अच्छा, उनकी मौत भी भली। : (i) Life without failure would be food without salt.
(ii) Joys are our wings, sorrows our spurs.

67. जिन खोजा तिन पाइयां गहरे पानी पैठ। : (i) The best fish swim near the bottom.
(ii) The feather floats high, and the pearl lies below.

68. जिनके दामन में दाग हो वे दूसरों पर कीचड़ न उछालें। : Those who live in glass houses should not throw stones at others.

69. जिसकी गोद में बैठे, उसी की दाढ़ी नोचे। : To bite the hand that feeds.

70. जिस डाली पर बैठे, उसी को काटे। : To kick the ladder from under one's own feet.

71. जिस तन लागै, सो तन जाने। : Only the wearer knows where the shoe pinches.

72. जिस बतर्न में खाना, उसी में छेद करना। : To spit into one's own plate.

73. जिसका पल्ला भारी, उसी के साथ यारी। जिसका राज, उसी के पूत। : A fat purse lacks no friends.

74. जिसकी जूती, उसी का सिर। : Beat one with his own staff.

75. जिसने अपनी उतारी उसे दूसरों की उतारते क्या देर ? : He that is his own enemy needs no other enemies.

76. जिसने ईमान खो दिया, उसने सब कुछ खो दिया। : Everything is lost if character is lost.

77. जिसने की शरम, उसके फूटे करम। : He who hesitates is lost.

78. जिसने चोंच दी, वह चारा भी देगा। : God gives both mouth and meat.

| | | | |
|---|---|---|---|
| 79. | जिसका काम उसी को साजे और करे तो बुद्धू बाजे। | : | Square peg in a round hole. |
| 80. | जिसका कोई चारा नहीं, उसे तो बर्दाश्त करना ही होगा। | : | What cannot be cured must be endured. |
| 81. | जिसका खाइए, उसका गुण गाइए। | : | Sing for the one who pays. |
| 82. | जिसका पैसा, उसके गीत। | : | He who pays the piper, dictates the tune. |
| 83. | जिसकी इज्जत, वही बादशाह। | : | An honest man is the noblest work of God. |
| 84. | जिसकी लाठी, उसकी भैंस। | : | Might is right. |
| 85. | जिसके पास कुछ नहीं होगा उससे कोई क्या छीनेगा? | : | Naught is never in danger of frought. |
| 86. | जिस गांव जाना नहीं, उसके कोस क्या गिनने? | : | Count not your chickens before they are hatched. |
| 87. | जिसके पास बहुत काम होंगे, उससे कोई न कोई बिगड़ेगा। | : | He who succeeds is bound to make enemies. |
| 88. | जिसके पास रुपैया वह सबका भैया। | : | A full purse never lacks friends. |
| 89. | जिसके पांव में पहिया उस पर रहे न रुपैया। | : | A rolling stone gathers no moss. |
| 90. | जिसे अपनी जबान पर नियंत्रण है उसे बहुत बतियाना नहीं आता। | : | It is the wise head that makes the still tongue. |
| 91. | जियो और जीने दो। | : | Live and let live. |
| 92. | जीती मक्खी निगली नहीं जाती। | : | One does not eat the spoils of war. |

93. जीता वही, जो अंत में जीते। : He laughs best who laughs last.

94. 'जी' न कहेगा, तो 'जी' न सुनेगा। : Respect others, if you want to be respected.

95. जीवन वह, जो दूसरों के काम आए। : Live a life of service to others.

96. जीने के लिए खाओ, खाने के लिए न जिओ। : Eat to live, not live to eat.

97. जीना तो जीना, बिना परिश्रम मरा भी नहीं जाता। : Even death cannot be embraced without effort.

98. जूं के डर से गुदड़ी नहीं फेंकी जाती। : To keep away lice one does not destroy the mattress.

99. जे न मित्र होहि दुखारी, तिनही विलोकत पातक भारी। : Happy is the house that shelters a friend.

100. जेब खाली, मन उदास। : A light purse makes a heavy heart.

101. जेब भारी, तो चेहरे पर हंसी। : A heavy purse makes a light heart.

102. जैसा अन्न, वैसा मन। : A drunkard is qualified for all vices.

103. जैसा आया, वैसा गया। : (i) Easy come, easy go.
(ii) Ill got, ill spent.

104. जैसा कर्म, वैसा फल। : As you sow, so shall you reap.

105. जैसा गुरु, वैसा चेला। : Like master, like servant.

106. जैसा दाम, वैसा काम। : (i) Like offerings, like blessings.
(ii) Fair work for fair wages.

107. जैसा देवता, वैसी पूजा। : As the Gods, so the worshippers.

108. जैसा देस, वैसा भेस। : In Rome do as the Romans do.

109. जैसा पैसा गांठ का, तैसा मीत न कोय। : Ready money is Alladdin's lamp.

110. जैसा बाप, वैसा पूत। : Like father, like son.

111. जैसा बोओगे, वैसा काटोगे। : As you sow, so shall you reap.

112. जैसा राजा, वैसी प्रजा। : Like master, like servant.

113. जैसा सांचा, वैसा ढांचा। : As the die, so the shape.

114. जैसा स्वामी, वैसा सेवक। : Like master, like servant.

115. जैसी करनी, वैसी भरनी। : As you sow, so shall you reap.

116. जैसी बहे बयार, पीठ तब तैसी दीजै। : Shift your sail with the wind.

117. जैसी मां, वैसी बेटी। :
(i) As the seed so the sprout.
(ii) As the old cock crows, so crow the young.

118. जैसे को तैसा। :
(i) Tit for tat.
(ii) Eye for an eye.
(iii) To pay back in the same coin.

119. जैसी तेरी तूमड़ी, वैसे मेरे गीत। : Fair work for fair wages.

120. जैसे नागनाथ, वैसे सांपनाथ। : Hawk and hog go together.

121. जो अक्ल की बात नहीं सुनता, वह सदा पछताता है। : If you shed tears when you miss the sun, you will also miss the stars.

122. जो आदमी हाथ-पैर हिलाता है उसे कुछ न कुछ मिल ही जाता है। : The dog that sniffs around finds a bone.

123. उधार खाए, दुःख बुलाए। : He who borrows attracts sorrows.

124. जो कमाए, सो खाए। : He who would eat the fruit must climb the tree.

125. जो करे अपना नुकसान, वह नादान। : It is an ill bird that fouls its own nest.

126. जो कष्ट उठाएगा, वही मेधावी भी बनेगा। : Genius is one per cent inspiration, and ninety-nine per cent perspiration.

127. जो कांटे बोता है उसे फूल चुनने की आशा कभी नहीं करनी चाहिए। :
   (i) As you sow, so shall you reap.
   (ii) Sow the wind and reap the whirlwind.

128. जो काम करेगा वह गलती भी करेगा। : He who works is bound to make a few mistakes.

129. जो काम का ध्यान रखेगा उसका ध्यान काम भी रखेगा। : Something attempted, something gained.

130. जो कुछ करेगा ही नहीं, उसके सफल होने का सवाल ही नहीं। : Venture not, gain not.

131. जो कर नहीं सकता वही उपदेश देता है। : He who talks a lot accomplishes little.

132. जो सोया, सो खोया। : A sleeping fox catches no poultry.

| | |
|---|---|
| 133. जो गरजते हैं, वे बरसते नहीं। | : Barking dogs don't bite. |
| 134. जो चढ़ेगा, सो गिरेगा। | : Every rise has a fall. |
| 135. जो चमकता है, सोना नहीं होता। | : All that glitters is not gold. |
| 136. जो चीज जिसके काम की नहीं है वह उसे नहीं सुहाती। | : Scabby heads love not the comb. |
| 137. जो जड़ काटे और की, अपनी रहे कटाय। | : He who digs a pit for others often falls into it himself. |
| 138. जो जागत है, सो पावत है। | : The early bird catches the worm. |
| 139. जो जीता, वही सिकन्दर। | : Nothing succeeds like success. |
| 140. जो तोके कांटा बूवै, ताहि बोय तू फूल। | : (i) Return good for evil.<br>(ii) With malice towards none; with charity for all.<br>(iii) Forgiveness is the noblest virtue. |
| 141. जो तूफान से लड़ने की हिम्मत न रखता हो वह हिम्मत दिखाने से बाज आए। | : He who fears scars should not go to war. |
| 142. जो दु:ख नहीं उठाता, वह सुख का हकदार नहीं। | : No pain, no gain. |
| 143. जो दूसरों के लिए गड्ढा खोदता है वही उस में गिरता है। | : He who digs a pit for others often falls into it himself. |

| | | |
|---|---|---|
| 144. जो देखना नहीं चाहता, वही सबसे बड़ा अंधा है। | : | None so blind as one who won't see. |
| 145. जो दूसरों को जानता है वह विद्वान है किंतु जो स्वयं को जानता है वह बुद्धिमान है। | : | (i) A learned man is a tank; a wise man is a spring.<br>(ii) He who knows others is learned, he who knows himself is wise. |
| 146. जो अपने पर हंसता है, उस पर कोई और कभी नहीं हंसता। | : | He is not laughed at who first laughs at himself. |
| 147. जो पीछे रह जाए, जहन्नुम में जाए। | : | Devil takes the hindmost. |
| 148. जो बचाया, सो कमाया। | : | A penny saved is a penny gained. |
| 149. जो बरते, सो ही जाने। | : | He knows the water best who has waded through it. |
| 150. जो बात एक के लिए ठीक है, वह दूसरे के लिए भी ठीक है। | : | Sauce for the goose is sauce for the gander. |
| 151. जो बात मधुर शब्दों से हो जाती है, कड़वे शब्दों से नहीं होती। | : | A drop of honey catches more flies than a barrel of vinegar. |
| 152. जो बीत गई सो बात गई। | : | Let bygones be bygones. |
| 153. जो बोले सो कुंडा खोले। | : | One who touches the rope will have to ring the bell. |
| 154. जो मुर्गी सोने का अंडा दे उसे मारना नहीं चाहिए। | : | Kill not the goose that lays the golden eggs. |

155. जो गलतियों से सबक नहीं लेते, उन्हें दोहराते हैं। : (i) Those who forget history are condemned to repeat it.
(ii) Those who don't learn from their mistakes repeat them.

156. जो मनुष्य अपने काम की देखभाल नहीं करता, उसको हानि पहुंचती है। : A sleeping fox catches no poultry.

157. जो रहीम ओछो बढ़े, तो अति ही इतराय। : Set a beggar on horseback and he will ride to the devil.

158. जो लोग देखते हुए भी नहीं देखते, उनके समान कोई अंधा नहीं। : There is none so blind as one who won't see.

159. जो शेर पर चढ़ा, उतरे तो दिक्कत, न उतरे तो दिक्कत। : (i) Between the devil and the deep sea.
(ii) On the horns of a dilemma.

160. जो सीखना जानते हैं वे काफी कुछ जानते हैं। : (i) Reading makes a full man.
(ii) Perfection is attained by slow degrees.

161. जो सुख छज्जू के चौबारे वह बलख न बुखारे। : (i) East or West, home is the best.
(ii) Be it ever so humble, there is no place like home.

162. जो सुनना नहीं चाहता, बहरा है। : None so deaf as one who won't hear.

163. जो हो गया, सो हो गया। जो हो चुका है, उसे लौटाया नहीं जा सकता। : What is done cannot be undone.

164. जो होना है, होगा ही। : Whatever is destined to happen will happen.

165. जोगी का लड़का खेलेगा तो सांप से। : Like father, like son.

166. जोड़-जोड़ मर जाएंगे, माल जमाई खाएंगे। : A miser's hoard is squandered by his heirs.

167. ज्ञानी पुलकित रहे, धन नाच नचावे। : Fools make a feast and wise men eat it.

168. ज्यादा चिन्ता करने से काम नहीं चलता। : (i) A watched pot never boils. (ii) Worry solves no problems.

169. ज्यादा हाथों में बंटकर काम आसान हो जाता है। : Many hands make the work light.

170. ज्यों-ज्यों भीजे कामरी, त्यों-त्यों भारी होय। : The evening of a well-spent life brings its lamps with it.

# झ

| | | | |
|---|---|---|---|
| 1. | झगड़ालू व्यक्ति की बदनामी होती है। | : | Quarrelsome dogs get a dirty name. |
| 2. | झगड़े की जड़ छोटी होती है। | : | A little spark makes a big fire. |
| 3. | झगड़ों में मजा उनको आता है, जिनका अपना सिर नहीं फूटता। | : | War entertains the onlooker. |
| 4. | झटपट की धानी, आधा तेल आधा पानी। | : | Hurry makes worry. |
| 5. | झूठ बोलना पाप है। | : | To tell a lie is a sin. |
| 6. | झूठ के पंख नहीं होते। झूठ के पांव नहीं होते। | : | A lie has no feet. |
| 7. | झूठ बोलने के लिए अच्छी याददाश्त चाहिए। | : | Liars should have a good memory. |
| 8. | झूठे का बोला हुआ सच भी अविश्वसनीय होता है। | : | Speak the truth and shame the devil. |
| 9. | झूठे दोस्त से सच्चा दुश्मन अच्छा। | : | Better a known enemy than a false friend. |

❑❑

# ट-ठ

| | | | |
|---|---|---|---|
| 1. | टका सा जवाब। | : | Flat refusal. |
| 2. | टके के लिये मस्जिद जाना। | : | Wrangle for an ass's shadow. |
| 3. | टका है जिसके हाथ में वही बड़ा है जात में। | : | (i) The moneyed man calls the shots.<br>(ii) Ready money is Alladdin's lamp. |
| 4. | टके की मुर्गी, आठ टके महसूल।<br>टके की बुढ़िया, नौ टका सिर मुड़ाई। | : | The game is not worth the candle. |
| 5. | टांय-टांय फिस्स। | : | To end up in smoke. |
| 6. | टूटने से झुकना अच्छा। | : | Better to bend than to break. |
| 7. | टूटा बर्तन अपनी आवाज से पहचाना जाता है। | : | (i) Speech reveals ignorance.<br>(ii) A cracked pipkin is known by its sound. |
| 8. | ठंडा लोहा गरम लोहे को काटता है। | : | A soft answer cools wrath. |
| 9. | ठाली बनिया तोले बाट।<br>ठाली से बेगार भली। | : | An idle brain is the devil's workshop. |
| 10. | ठीक कार्य से किसी का बुरा नहीं होता। | : | Right wrongs no man. |
| 11. | ठोकर खाकर ही अक्ल आती है। | : | All become wiser after the event. |

12. ठहर-ठहर के चलिए, जब हो दूर पड़ाव। : (i) Slow and steady wins the race.
(ii) He that runs fast will not run long.

## ड-ढ

1. डंडा सबका पीर है। : The rod tames every brute.
2. डावांडोल सदा मोहताज। डावांडोल की मिट्टी खराब। : A rolling stone gathers no moss.
3. डायन भी सात घर छोड़कर खाती है। : A wise fox will never rob his neighbour's hen.
4. डींग चीज तो अच्छी है, पर है नकटी। : (i) Betray no trust, divulge no secret.
(ii) Catch the bear before you sell his skin.
5. डूबते को तिनके का सहारा। : A drowning man clutches at a straw.
6. डूब जात आधी चले, झपट चले जो नाव। : Hasty climbers have sudden falls.
7. डंडा हटा बच्चा गया। : Spare the rod, spoil the child.
8. ढाक के तीन पात। : All and sundry.
9. ढोल का साथी डंडा। : One thief will not rob another.
10. ढोर मरे न कौआ खाये। : A goodly apple is often rotten at the core.

# त

1. तंदुरुस्ती हजार नेमत। : Health is wealth.

2. तकाजा नहीं किया तो भरपाई न समझो। : Omittance is no quittance.

3. तन सुखी तो मन सुखी। : Sound mind in a sound body.

4. तप कर ही सोना कुन्दन बनता है। : Adversity is the best school of discipline.

5. तकदीर के लिखे को तदवीर क्या करे। : What is lotted cannot be blotted.

6. तर्कबुद्धि आदमी को अनुशासित करती है। : Reason disciplines the man.

7. तर्कबुद्धि बुद्धिमान में पैनापन पैदा करती है, किंतु मूर्ख का रहा-सहा भी छीन लेती है। :
   (i) Fools argue, wise men discuss.
   (ii) The learned argue, the fools decide.

8. तरकश में कई तीर होना। : To have many arrows in the scabbard.

9. तलवार के घाव से बात का घाव गहरा होता है। : Evil words cut worse than a sword.

10. तलवार का घाव भरता है, पर बात का नहीं भरता। :
   (i) An ill wound may be cured but not an ill word.

| | | |
|---|---|---|
| | | (ii) Wounds heal but not ill words. |
| | | (iii) To unstring the bow will not heal the wound. |
| 11. तह तक पहुंचना। | : | To get to the bottom of an issue. |
| 12. ताकत झूठ को भी सच करवा लेती है। | : | (i) Might is right. |
| | | (ii) A lie repeated a thousand times becomes a truth. |
| 13. तिल का ताड़ बनाना। | : | To make a mountain out of a molehill. |
| 14. तीन लोक से मथुरा न्यारी। | : | An Englishman's home is his castle. |
| 15. तीर कमान से निकल चुका है। | : | What is done can't be undone. |
| 16. तुम डार-डार मैं पात-पात। | : | To catch a Tartar. |
| 17. तुमको पराई क्या पड़ी, पहले अपनी निबेड़ ले। | : | Sweep before your own door first. |
| 18. तुम जो काम कर नहीं सकते, उसमें हाथ मत डालो। | : | Don't try to fly without wings. |
| 19. तुम भगवान और शैतान दोनों को एक साथ खुश नहीं कर सकते। | : | One can't serve two masters at the same time. |
| 20. तुरंत दान महाकल्याण। | : | He gives twice who gives in a trice. |

| | | |
|---|---|---|
| 21. तू कौन, मैं खाम-खाह। | : | (i) To poke one's nose in others' affairs.<br>(ii) To put a spoke in the wheel. |
| 22. तू मेरी डफली बजा, मैं तेरा राग अलापूं। | : | You scratch my back and I will scratch yours. |
| 23. तूल देने से बात बिगड़ जाती है। | : | The less said the better. |
| 24. तेते पांव पसारिए जेती लांबी सौर। | : | Cut your coat according to your cloth. |
| 25. तेरा माल मेरा मेरा तो है ही मेरा। | : | Heads I win, tails you lose. |
| 26. तेल देखो, तेल की धार देखो। | : | (i) See which way the wind blows.<br>(ii) Let us see how the cat jumps. |
| 27. तेली मोड़े बूंद-बूंद, रहमान लुटावे कुप्पा। | : | Man proposes, God disposes. |
| 28. तैराक ही प्राय: डूबते हैं। | : | It is a good horse that stumbles. |

❑❑

# थ

| | | |
|---|---|---|
| 1. थाली का घी, इधर या उधर। | : | A self-centred person acts as per his own interests. |
| 2. थूक से सत्तू नहीं साना जाता। | : | You cannot make a horn out of a pig's tail. |
| 3. थैली बनाए हवेली। | : | Money makes the mare go. |
| 4. थोड़ा-थोड़ा करके बहुत हो जाता है। | : | (i) Many a little makes a mickle.<br>(ii) Little drops make the ocean. |
| 5. थोड़े मीठे शब्दों से क्रोधित व्यक्ति शांत हो जाता है। | : | A few soft words cool even an angry man. |
| 6. थोथा चना उड़-उड़ जाय। | : | An empty bag cannot stand upright. |
| 7. थोथा चना, बाजे घना। | : | Empty vessels make the most noise. |
| 8. थोड़े धन, खल बौराय। | : | Small wit, great boast. |

# द

| | | |
|---|---|---|
| 1. दबे पर चींटी भी चोट करे। | : | Even an ant will bite a dead lion. |
| 2. दमड़ी की बुढ़िया, टका सिर मुंड़ाई। | : | The game is not worth the candle. |
| 3. दम लगा घुटने, खैरात लगी बटने। | : | A dying devil will become a monk. |
| 4. दरबार तक पहुंच हो तो दरबारी के पास क्यों जाएं। | : | He is a fool that kisses the maid when he may kiss the mistress. |
| 5. दरिद्रता कलह की जड़ है। | : | Poverty breeds strife. |
| 6. दरिद्रता बूढ़ा बना देती है। | : | Wrinkled purses make wrinkled faces. |
| 7. दरिया में रहके मगर से बैर। | : | Never quarrel with the crocodile when in the river. |
| 8. दाई से पेट नहीं छिपाया जा सकता। | : | Wear one's heart upon one's sleeve. |
| 9. दाता से सूम भला, जो देवे तुरंत जवाब। | : | (i) A point-blank refusal is better than an uneasy suspense.<br>(ii) A wrong decision is better than indecision. |
| 10. दांत काटी रोटी। | : | Intimate friendship. |
| 11. दान की बछिया के दांत नहीं देखे जाते। | : | Never look a gift horse in the mouth. |

12. दादा कहने से बनिया गुड़ देता है। : Fair and soft goes far in a day.

13. दान दिए धन न घटे। : Alms never make a man poor.

14. दाम संवारे काम। : Money makes the mare go.

15. दाल-भात में मूसलचंद। : An unwelcome person or an intruder.

16. दाल में कुछ काला है। : (i) Nigger in the woodpile.
(ii) There is something fishy.
(iii) I smell a rat.

17. दिक्कतों का सामना आधे मन से मत करो। : Never confront problems half-heartedly.

18. दिन नीके कंकर मोती। : If God wills, all winds bring rain.

19. दिल में नहीं डर सबकी पगड़ी अपने सर। : (i) Discretion is the better part of valour.
(ii) None but the brave deserves the fair.

20. दिल को दिल से राह। दिल का दिल साखी है। : Love begets love.

21. दिल में हो आग तो शब्द बनें शोले। : When the heart is full of fire, he is sure to blow off steam

22. दिल्ली दूर है। : The goal is distant.

23. दिल्ली में दरबारी से अपने गांव की लम्बरदारी भली। : (i) Better be first in the village than second in Rome.
(ii) It is better to rule in hell than serve in heaven.

24. दीन की सेवा दीनबन्धु की सेवा है। : To help a lame dog over a stile is worship of God.

25. दीपक तले अंधेरा। : Nearer the church, farther from God.

26. दीवार के भी कान होते हैं। : Even walls have ears.

27. दीवाली साल में एक बार आती है। : Christmas comes but once a year.

28. दुआ में दवा से ज्यादा ताकत। : Prayer is more effective than medicine.

29. दुआ सलाम सबसे रखो, मैत्री कुछेक से। : Serve all but love one.

30. दुःख टला, राम बिसरा। : Vows made in a storm are forgotten in the calm.

31. दुःख पर तरस खाना मानवीय है, दुःख दूर करना देवतुल्य है। : To pity in distress is human, to relieve it is divine.

32. दुःख बिना सुख नहीं। : No rose without thorns.

33. दुख में सुमिरन सब करें सुख में करे न कोय। : Vows made in a storm are forgotten in the calm.

34. दुधारू गाय की दो लात भली। : (i) He that would have eggs must endure the cackling of hens.
(ii) Take the rough with the smooth.

35. दुनिया जैसी चलती है, चलने दो। : Live and let live.

36. दुनिया धोखे की टट्टी है। : The world is a Trojan horse.

37. दुनिया में दूध का धुला कोई भी नहीं। : Nobody in the world is perfect.

38. दुनिया भारी मक्कर से, रोटी खाई शक्कर से। : (i) To hold a candle to the devil.
(ii) To play fast and loose.

39. दुविधा में दोऊ गये, माया मिली न राम। : Between two stools we fall to the ground.

40. दुबली बिल्ली चुहों से कान कटवाती है। : He that makes himself a sheep shall be eaten by the wolf.

41. दुरावस्था की पराकाष्ठा के उपरांत अच्छा समय आता ही है। : It is the darkest before the dawn.

42. दुर्जन का साथ दुखदाई। : Touch a nettle and get stung.

43. दुर्जन व्यक्ति की मृत्यु देर से होती है। : Sinners die late.

44. दुर्दिन के समान और कोई शिक्षा नहीं। : Sweet are the uses of adversity.

45. दुश्मन को भेद की बात कभी न बताएं। : Never tell an enemy that your foot aches.

46. दुष्ट का स्वभाव कभी नहीं बदलता। : The wolf may lose his teeth, but never his temper.

47. दूध का दूध, पानी का पानी। : To sift the chaff from the grain.

48. दूध का जला छाछ को भी फूंक-फूंक कर पीता है। : (i) A burnt child dreads fire.
(ii) Once bitten twice shy.

49. दूर के ढोल सुहावने। : Distant mountains always look green.

50. दूर से भौंकने वाले कुत्ते काटते नहीं। : Barking dogs seldom bite.

51. दूसरे का सिंदूर देख, अपना माथा फोड़े। : Cut off one's nose to spite one's face.

52. दूसरों को कोसना अपने आगे आता है। : (i) Who digs a pit for others shall fall in himself.
(ii) Curses come home to roost.

53. दुश्मन के साथ भी न्याय करो। : Give the devil his due.

54. दूसरों की गलतियों से सबक सीखो। : Learn from the mistakes of others.

55. दूसरों के काम में टांग अड़ाना। : To put a spoke in another's wheel.

56. दूसरों के इशारे पर नाचना। : To dance to the tune of others.

57. देख कर चलो। : Look before you leap.

58. देखा-देखी पुण्य, देखा-देखी पाप। : (i) If one sheep leaps over the dyke, the rest will follow.
(ii) Like dogs, when one barks, all bark.

59. देखो, ऊंट किस करवट बैठता है। : (i) See which way the wind blows.
(ii) See how the cat jumps.

60. देना थोड़ा, दिलासा बहुत। : One who gives you many fair words, feeds you with an empty spoon.

61. देर आये, दुरुस्त आये। : Better late than never.

62. दैव-दैव आलसी पुकारा। : Lazy as Ludlam's dog, which leaned his head against his wake to bark.

63. दो घरों का पाहुना भूखा सोये। : Between two stools one falls to the ground.

64. दो जोरुओं का खसम फूंके चूल्हा। : Between two stools one falls to the ground.

65. दो टूक फैसला–इधर या उधर। : (i) To make a straightforward decision.
(ii) To hit the nail on the head.

66. दो नावों का सवार डूबता है। : He who pursues two hares catches neither.

67. दो में तीसरा, आंखों में ठीकरा। : Two make company, three make a crowd.

68. दो लड़े, तीसरा ले उड़े। : When two cats fight, the third benefits.

69. दोनों एक जैसे हैं। : Both are alike.

70. दो हाथों से ताली बजती है। : It takes two to quarrel.

71. दोनों हाथों में लड्डू हैं। : To butter one's bread on both sides.

72. दो मुल्लाओं में मुर्गी हराम। : Too many cooks spoil the broth.

73. दोस्त की पहचान मुसीबत पड़ने पर होती है। : Prosperity gains friends, adversity tries them.

74. दोस्त वही जो मुसीबत में काम आए। : A friend in need is a friend indeed.

75. दोस्ती में लेन–देन बैर का मूल। : Give a loan and buy a quarrel.

76. दौड़ के चले सो मुंह के बल गिरे। : Hasty climbers have sudden falls.

77. दौलत आज मेरी, कल तेरी। : Riches have wings.

78. दौलत से इज्जत कहीं अच्छी होती है। : A good name is better than a golden girdle.

# ध

| | | | |
|---|---|---|---|
| 1. | धर्मान्ध हों बरबाद। | : | Religious concentration is the devil's harvest. |
| 2. | धन मित्र बनाता है, दुख उनकी परख करता है। | : | Prosperity gains friends, adversity tries them. |
| 3. | धन बुद्धिमान की सेवा करता है, किंतु मूर्ख को नाच नचाता है। | : | Money is a good servant but a bad master. |
| 4. | धन सबको अंधा कर देता है। | : | Gold is the dust that blinds all eyes. |
| 5. | धन से धन कमाते हैं। धन को धन खींचता है। | : | Money begets money. |
| 6. | धागा जहां सबसे कमजोर होता है, वहीं से टूटता है। | : | The rope breaks from the weakest point. |
| 7. | धीमा पके सो मीठा होय। | : | (i) A slow fire makes a sweet meal.<br>(ii) Slow and steady wins the race. |
| 8. | धीरज से सब कुछ मिलता है। | : | (i) Patience is the plaster for all sores.<br>(ii) Patience and perseverance overcome mountains. |

| | | |
|---|---|---|
| 9. धोबी पर बस न चला, तो गधे के कान उमेठे। | : | (i) To bark up the wrong tree.<br>(ii) To bark at the moon.<br>(iii) Better master one than engage with ten. |
| 10. धोखेबाज कभी नहीं फलते। | : | (i) Slander recoils on the slanderer.<br>(ii) Deceit does not succeed for long. |
| 11. धोखेबाज को धोखा देना। | : | To deceive the deceiver. |
| 12. धोबी का कुत्ता, न घर का न घाट का। | : | (i) A rolling stone gathers no moss.<br>(ii) Whistling maid and crowing hen are neither fit for Gods nor for men. |

□□

## न

| | | |
|---|---|---|
| 1. नंग बड़े परमेश्वर से। | : | Fear the evil more than God. |
| 2. नंगा खड़ा बाजार में, है कोई कपड़े ले! | : | A beggar may sing before a thief. |
| 3. नंगी देखकर मुल्ला का भी मन डोल जाता है। | : | (i) An open box tempts an honest man.<br>(ii) Opportunity makes one a thief. |
| 4. नंगी नहाएगी क्या, और निचोड़ेगी क्या! | : | (i) To keep body and soul together.<br>(ii) To live from hand to mouth. |

5. नंगे का कोई क्या लेगा ? : Beggars are never robbed.

6. न इधर के रहे, न उधर के। : Neither here nor there.

7. नई पीढ़ी को आप शासित नहीं कर सकते। : Age considers, youth ventures.

8. नई बहू नौ दिन की। : (i) Glamour doesn't last long.
(ii) Nine days' wonder.

9. नकटा जिए बुरे हाल। : To eat humble pie.

10. नकटी की नाक कटी, सवा हाथ और बढ़ी। : To smooth one's ruffled feathers.

11. नकल करना ही सच्ची खुशामद है। : Imitation is the sincerest form of flattery.

12. न आगे नाथ, न पीछे पगहा। : (i) To sail above the boat.
(ii) A man of straw.

13. न कुछ से कुछ भला। : Something is better than nothing.

14. नक्कारखाने में तूती की आवाज। : A cry in the wilderness.

15. न खाए, न खाने दे। : Dog in the manger.

16. न खुदा ही मिला, न विसाले–सनम। : He who pursues two hares catches neither.

17. नजरों से दूर, दिल से दूर। : Out of sight, out of mind.

18. न जीते आशा, न मरे निराशा। : (i) Blessed is he who expects nothing, for he shall never be disappointed.
(ii) Expectation means sorrow.

19. न तीतर, न बटेर। : Neither hawk, nor buzzard.

20. न देने के हजारों बहाने। : An ill payer never needs an excuse.

21. नदी-नाव संयोग। : (i) A bolt from the blue.
(ii) The chapter of accidents is the longest in the book of life.

22. नपी-तुली प्रशंसा। : Qualified praise or remark.

23. नदी में रहे और मगर से बैर। : Never quarrel with the crocodile when in the river.

24. न नौ मन तेल होगा, न राधा नाचेगी। : When the sky will fall, we shall gather larks.

25. न निगला जाय, न उगला जाय। : (i) Between two fires.
(ii) On the horns of a dilemma.

26. न बाप बड़ा न भैया, सबसे बड़ा रुपैया। : Money is paramount in life.

27. न बाबा आए, न घंटा बाजै। : No priest, no mass.

28. नया नवाब, आसमान पर दिमाग। : The newly rich easily fly off the handle.

29. नया नौ दिन, पुराना सौ दिन। : (i) An old cart outlives a new one.
(ii) Old is gold.

30. नया नौकर तीरंदाज। नया मुल्ला प्याज ज्यादा खाता है। : A new broom sweeps clean.

| | | |
|---|---|---|
| 31. नये आविष्कार का जन्म अभाव से होता है। | : | Necessity is the mother of invention. |
| 32. नरम उत्तर से गुस्सा भी नरम हो जाता है। | : | (i) Politeness cools temper.<br>(ii) A soft answer turns away wrath. |
| 33. न रहेगा बांस, न बजेगी बांसुरी। | : | Take away the fuel, take away the flame. |
| 34. नशे में आदमी सच बोलता है। | : | A drunk man speaks the truth. |
| 35. न सावन सूखे, न भादों हरे। | : | Evergreen. |
| 36. न सुनोगे सीख, तो मांगोगे भीख। | : | Disobedience renders one penniless. |
| 37. नहले पे दहला। | : | To go one better. |
| 38. न होने से तो देर में होना अच्छा। | : | Better late than never. |
| 39. नाक कटी बला से, दुश्मन की बदशगुनी तो हुई। | : | Burn one's fingers to snuff another man's candle. |
| 40. नाखून से मांस अलग नहीं हो सकता। | : | Skin is inseparable from nails. |
| 41. नाचने निकली तो घूंघट कैसा! | : | He who would catch fish must not mind getting wet. |
| 42. नटनी जब बांस पर चढ़ी तो घूंघट क्या! | : | Once a whore, always a whore. |
| 43. नाच न जाने आंगन टेढ़ा। | : | A bad workman quarrels with his tools. |

44. नानक नन्हा हो, रहो जैसी नन्ही दूब।
पेड़ बड़े गिर जाएंगे,
दूब खूब की खूब॥ : Humility always works.

45. नाना के धन पर धेवता ऐंठे। : You can never scare a dog away from a greasy hide.

46. नानी के आगे ननिहाल की बातें। : To carry coals to Newcastle.

47. नाम बड़े, दर्शन छोटे। : (i) Much cry, little wool.
(ii) Much ado about nothing.

48. नाम में क्या रखा है। : What's in a name?

49. नासाज की मौत घिसट-घिसट कर होती है। : Creaking doors hang the longest.

50. निडर व्यक्ति जान जोखिम में डाले। : The fearless risk their necks.

51. निदान ठीक हो गया तो समझो आधा दुःख गया। : A disease diagnosed is half cured.

52. नियम तो राजा पर भी लागू होवें। : The king is not above the law.

53. नित्य मिलाप से आदर जाय। : Familiarity breeds contempt.

54. निर्दयता शैतान की पहली पहचान है। : Cruelty ever proceeds from a vile mind.

55. निर्दयी व्यक्ति में दया कहां! : You cannot draw blood out of a stone.

56. निर्बल के बल राम। : God tempers the wind to the shorn lamb.

57. निहाई की चोरी, सुई का दान। : Steal a goose and give giblets in alms.

58. नीम न मीठी होय, सींचो चाहे गुड़-घी से। : Crows are never the whiter on washing themselves.

59. नीम-हकीम खतरा-ए-जान। : A little knowledge is a dangerous thing.

60. नेक इन्सान कभी नीच काम नहीं करता। : Noble men never indulge in ignoble deeds.

61. नेक इरादा, मन हरामी। : (i) Fair face hides a foul heart.
(ii) A goodly apple rotten at the core.

62. नेकनामी देर से, बदनामी जल्दी मिलती है। : A good name is sooner lost than won.

63. नेकी कर और भूल जा।
नेकी कर, कुएं में डाल।
नेकी कर, दरिया में डाल। : (i) Do good and forget it.
(ii) Don't count upon your good deeds.
(iii) Do good and be unconcerned.

64. नेकी के बदले नेकी करो। : Do good for good.

65. नेकी का फल नेक। : Do good and feel good.

66. नेकी मरने के बाद भी याद रहती है। : Virtue survives death.

67. नौ सौ चूहे खाकर बिल्ली चली हज को। : (i) A young whore, an old saint.
(ii) He can never be God's martyr that is the devil's servant.

68. नौ नकद न तेरह उधार। : Neither a borrower nor a lender be.

69. नौ की लकड़ी नब्बे की ढुलाई। : (i) Penny wise, pound foolish.
(ii) Bootless errand.

70. न्याय मे देर हो जाए तो न्याय नहीं मिलता। : Justice delayed is justice denied.

## प

1. पग बिन कटै न पंथ। : Nothing ventured, nothing gained.

2. पट्ठों की जान गई, पहलवान का दांव ठहरा। : The wolf's life is the lamb's death.

3. पत्थर घिसते-घिसते महादेव बन जाता है। : (i) Practice makes a man perfect.
(ii) Through perseverance even God is revealed.

4. पत्थर डारै कीच में उछरि बिगारै अंग। : Throw lots of mud and some of it will stick.

5. पर उपदेस कुसल बहुतेरे। : Easier said than done.

6. परमात्मा गंजे को नाखून न दे। : Cursed cows have short horns.

7. परमात्मा उनकी सहायता करता है, जो अपनी सहायता आप करते हैं। : God helps those who help themselves.

8. परमात्मा के काम न्यारे हैं। : Mysterious are the ways of God.

| | | |
|---|---|---|
| 9. परमेश्वर की माया,<br>कहीं धूप, कहीं छाया। | : | Life has its ups and downs. |
| 10. परहित सरिस धरम नहीं भाई। | : | He prays well who loves well both man and bird and beast. |
| 11. परहेज दवा से बेहतर है।<br>(परहेज बड़ी दवा है।) | : | Prevention is better than cure. |
| 12. पराई आसा नित उपासा। | : | He who nurses false hope waits forever. |
| 13. पराई की क्या पड़ी, अपनी निबेड़। | : | (i) Sweep before your own door.<br>(ii) Mind your own business.<br>(iii) Don't poke your nose into the affairs of others. |
| 14. पराधीन सपनेहुं सुख नाहीं। | : | It is better to rule in hell than serve in heaven. |
| 15. पराया पराया, अपना अपना। | : | Blood is thicker than water. |
| 16. पराजित को सदा गलती पर समझा जाता है। | : | Losers are always in the wrong. |
| 17. परिश्रम एक करे,<br>मजा दूसरा लूटे। | : | One beats the bush, another catches the hare. |
| 18. परिश्रम सौभाग्य की कुंजी है। | : | No cross, no crown. |
| 19. पर्दे में सब कुछ एक। | : | At night all cats are grey. |
| 20. पल में तोला, पल में माशा। | : | To blow hot and cold. |
| 21. पसंद अपनी-अपनी,<br>स्वभाव अपना-अपना। | : | Many men, many minds. |

22. पहले अपने, पीछे पराए। : Charity begins at home.

23. पहले आत्मा, फिर परमात्मा। : First self, then God.

24. पहले तोलो, फिर बोलो। : First ponder, then speak.

25. पहले पहुंचे, मन भर खाए। : The early bird catches the worm.

26. पहले पेट, बाद में सब कुछ। : Hunger is the best sauce.

27. पांचों उंगलियां बराबर नहीं होतीं। : All five fingers are not alike.

28. पांचों उंगलियां घी में। : To butter the bread on both sides.

29. पाई-पाई का मुनाफा बनिये को सेठ बना देता है। : Light gains make a heavy purse.

30. पानी का बुलबुला। : Nine days' wonder.

31. पानी पीकर जात पूछना। : If things were to be done twice, all would be wise.

32. पानी मथने से घी नहीं निकलता। : One cannot make an omelette by beating water.

33. पाप का धन अकारथ जाये। : Ill got, ill spent.

34. पाप का घड़ा कभी-न-कभी फूटता ही है। : A life of sin ends in sorrow sooner or later.

35. पाप छिपाए नहीं छिपता। भेद खुल ही जाता है। : (i) Treason never prospers. (ii) No fool can be silent at a feast.

36. पापी शक्की मिजाज होता है। : A sinner is always suspicious.

37. पापी से घृणा मत करो, पाप से डरो। : Hate the sin and not the sinner.

| | | |
|---|---|---|
| 38. प्रातः (सुबह) का भूला शाम को वापस आ जाए तो भूला नहीं कहलाता है। | : | The prodigal son is always welcomed back home. |
| 39. पिया गए परदेस, अब डर काहे का! | : | When the cat is away, the mice are at play. |
| 40. (कुत्ते को) पीटने के लिए बहाना ढूंढ़ना मुश्किल नहीं। | : | One who has a mind to beat his dog will easily find a stick. |
| 41. पुराना खिलाड़ी आसानी से दांव में नहीं आता। | : | You cannot catch old birds with chaff. |
| 42. पुरानी मछली, पुराना तेल। | : | Old is gold. |
| 43. पुरुष का भाग्य भगवान नहीं जानता, फिर मनुष्य की क्या बिसात है! | : | One gets on the roundabout what one loses on the swing. |
| 44. पूत के पांव पालने में ही पहचाने जाते हैं। | : | Coming events cast their shadows long before. |
| 45. पूत मांगने गई, पति खो आई। | : | (i) The camel sought horns, but lost his ears.<br>(ii) Went for wool, came back shorn. |
| 46. पेट के कारण क्या नहीं करना पड़ता! | : | Back and belly keep every man busy. |
| 47. पेट में दाने, गुस्सा ठिकाने। | : | A hungry man will not get angry. |
| 48. पैसा अच्छा सेवक किंतु बुरा स्वामी है। | : | Money is a good servant but a bad master. |
| 49. पैसा अपना रास्ता खुद तलाश लेता है। | : | Money makes the mare go. |

| | | |
|---|---|---|
| 50. पैसा-पैसा जोड़गा, तो द्वारे हाथी बांधेगा। | : | (i) Take care of the pence and the pounds will take care of themselves.<br>(ii) A pin a day is a groat a year. |
| 51. पैसा सबको अंधा कर देता है। | : | Lust for money is a blinding passion. |
| 52. पैसे का बंदर नाचे। | : | Money makes the mare go. |
| 53. प्यादे से फरजी (वजीर) भयो, टेढ़ो-मेढ़ो जाय। | : | Set a beggar on horseback and he will ride to the devil. |
| 54. प्यार अंधा होता है। | : | Love is blind. |
| 55. प्यार और लड़ाई में सब कुछ उचित है। | : | All is fair in love and war. |
| 56. प्यार को प्यार खींचता है। | : | Love begets love. |
| 57. प्यासे को ही कुएं के पास जाना पड़ता है। | : | The mountain will not come to Mohammed; Mohammed must go to the mountain. |
| 58. प्रकृति के नियम नहीं बदलते। | : | Nature's laws are perennial. |
| 59. प्रतीक्षा इच्छाओं को बढ़ा देती है। | : | (i) It is better to travel than to arrive.<br>(ii) To have a soul above buttons. |
| 60. प्रत्येक मनुष्य अपनी डेढ़ ईंट की मस्जिद बनाना चाहता है। | : | (i) Everyone is anxious to have one's own ways.<br>(ii) To plough a lonely furrow. |
| 61. प्रत्येक अच्छाई का अपना बुरा पक्ष भी होता है। | : | Every win has another side to it. |

| | | |
|---|---|---|
| 62. प्रभु जब चाहता है तो मिट्टी भी सोना हो जाती है। | : | When God wills, all winds bring rain. |
| 63. प्रयास से ही काम सधता है। | : | Only effort leads to success. |
| 64. प्रशंसा भले को सुधारती और बुरे को बिगाड़ती है। | : | Admiration encourages the good but corrupts the bad. |
| 65. प्रेम का मार्ग कांटों भरा होता है। | : | The course of true love never does run smooth. |
| 66. प्रेम अपना रास्ता निकाल लेता है। | : | (i) Love laughs at locksmiths.<br>(ii) Love seeks its own furrow. |
| 67. प्रेम का पुरस्कार प्रेम है। | : | Love is its own reward. |
| 68. प्रेम की पहुंच सर्वत्र है– क्या कुटिया, क्या राजभवन। | : | (i) Love is universal.<br>(ii) Love lives in cottages as well as in the court. |
| 69. प्रेम कोई दबाव नहीं मानता। | : | (i) Love is fearless.<br>(ii) Love cannot be compelled. |
| 70. प्रेम कोई बंधन नहीं मानता। | : | Love knows no bounds. |
| 71. प्रेम से ही दुनिया चलती है। | : | Love drives the world. |
| 72. प्रेम से ही प्रेम होता है। | : | Love begets love. |

## फ

1. फिजूलखर्ची से फकीरी। : (i) Waste not, want not.
   (ii) Burn the candle at both ends.
2. फिक्र करने से बात नहीं बनती। : Hope deferred makes the heart sick.
3. फिक्र में हाथी भी घुल जाता है। : Worry kills the cat.
4. फिसल पड़े तो हर हर गंगे। : (i) To make the best of a bad bargain.
   (ii) To make a virtue of necessity.
5. फकीर का गुस्सा फकीर के सिर। : To beat one with one's own staff.

# ब

| | | | |
|---|---|---|---|
| 1. | बंदर क्या जाने अदरक का स्वाद! | : | A blind man is no judge of colours. |
| 2. | बंदा जोड़े पली-पली, राम लुढ़ाए कुप्पा। | : | Man proposes, God disposes. |
| 3. | बकरी दूध देती है पर मेंगनी डालकर। | : | He gives pap with a hatchet. |
| 4. | बकरे की मां कब तक खैर मनाएगी! | : | A pitcher that goes to the well will break at last. |
| 5. | बगल में छोरा, शहर में ढिंढोरा। | : | To miss something right under one's nose. |
| 6. | बगल में छुरी, मुंह में राम-राम। | : | A wolf in sheep's clothing. |
| 7. | बचत ही कमाई है। (बचाया सो कमाया।) | : | A penny saved is a penny gained. |
| 8. | बच्चों के कान तेज होते हैं। | : | Little pitchers have long ears. |
| 9. | बजाज का बेटा कपड़े की भीख मांगे। | : | All cobblers go barefoot. |
| 10. | बड़ी मछली छोटी मछली को खा जाती है। | : | The big fish always devour the small ones. |
| 11. | बड़े आदमी कमीनों के मुंह नहीं लगते। | : | The cultured never waste time with the uncouth. |

| | | | |
|---|---|---|---|
| 12. | बड़े कामों में देर लगा ही करती है। | : | Rome was not built in a day. |
| 13. | बड़े पेड़ (बरगद) के नीचे दूसरे पेड़ नहीं बढ़ते। | : | Patronage of the great stunts one's growth. |
| 14. | बड़े-बड़े बहे जाएं, गधा थाह ले। | : | Fools rush in where angels fear to tread. |
| 15. | बड़ बोले का सिर नीचा। | : | Pride will have a fall. |
| 16. | बड़े लाभ के लिए थोड़ी हानि उठानी पड़ती है। | : | (i) Nothing ventured, nothing gained.<br>(ii) No pain, no gain. |
| 17. | बड़े-से-बड़े का भी अंत होता है। | : | If winter comes, can spring be far behind? |
| 18. | बड़ों की छोटी त्रुटि भी बड़ी लगती है। | : | Fairer the paper, fouler the blot. |
| 19. | बड़ों की बड़ी बात। | : | High winds blow on high hills. |
| 20. | बड़ों के आगे छोटों की क्या बिसात! | : | Love and lordship never like fellowship. |
| 21. | बड़ों के झगड़े में छोटों की दुर्गत। | : | When two elephants clash, it is the grass that suffers. |
| 22. | बड़ों के बड़े हाथ। | : | Kings have long arms. |
| 23. | बद अच्छा, बदनाम बुरा। | : | (i) Give the dog a bad name and hang it.<br>(ii) A bad name is worse than bad deeds. |
| 24. | बदनाम होंगे, तो क्या नाम न होगा! | : | Notoriety also makes one known. |

| | | | |
|---|---|---|---|
| 25. | बदमिजाज का कोई न साथी। | : | The ill tempered have no friends. |
| 26. | बदला लेने की भावना कभी मरती नहीं। | : | Revenge of a hundred years still has its sucking teeth. |
| 27. | बदला जब तक भी टाला जाए, टाला जाना चाहिए। | : | Forgiveness is the best form of revenge. |
| 28. | बंदर के गले में मोतियों की माला। | : | (i) To cast pearls before a swine.<br>(ii) Honey is not for the ass's mouth. |
| 29. | बंदर घुड़की। | : | Empty threat. |
| 30. | बनी के सब साथी।<br>बनी के लाखों यार।<br>बने के सौ साले, बिगड़ी का एक बहनोई भी नहीं। | : | A fat purse never lacks friends. |
| 31. | बलवान का भगवान भी साथी। | : | Fortune favours the brave. |
| 32. | बहती गंगा में हाथ धोना।<br>बहते दरिया में हाथ धोना। | : | Make hay while the sun shines. |
| 33. | बहरा सो गहरा। | : | Still waters run deep. |
| 34. | बहादुरी का काम चाहे नहीं नाम। | : | (i) Fame is the perfume of heroic deeds.<br>(ii) They never fail who die for a great cause. |
| 35. | बहुत-सी कथनी की बजाय जरा-सी करनी भली। | : | An ounce of practice is worth a ton of theory. |
| 36. | बहुत-से जोगी, मठ उजाड़। | : | Too many cooks spoil the broth. |
| 37. | बांकी नार कोष का नाश। | : | Beauty and folly are often companions. |

| | | | |
|---|---|---|---|
| 38. | बांझ क्या जाने प्रसूति की पीड़ा! | : | (i) Only the wearer knows where the shoe pinches.<br>(ii) One who dives, knows the depth of the sea. |
| 39. | बांटने से सुख बढ़ता है। | : | Love lightens labour and sweetens sorrow. |
| 40. | बात का बतंगड़। | : | Much ado about nothing. |
| 41. | बातें कम, लातें ज्यादा। | : | Betray no trust, divulge no secret. |
| 42. | बातों से पेट नहीं भरता। | : | Bare words buy no barley. |
| 43. | बाप न मारी मेढ़की, बेटा तीरंदाज। | : | Many talk like Robinhood, who never shot with bow. |
| 44. | बाप बड़ा न भइया, सबसे बड़ा रुपैया। | : | Money is paramount in life. |
| 45. | बाल-बाल कर्ज में फंसा होना। | : | To be head over ears in debt. |
| 46. | बालू से तेल नहीं निकलता। | : | You cannot draw blood from a stone. |
| 47. | बारह बरस बाद घूरे के भी दिन फिरते हैं। | : | Every dog has its day. |
| 48. | बारह बरस दिल्ली में रहे, भाड़ ही झोंका। | : | He looks as if butter would not melt in his mouth. |
| 49. | बाल-बाल बचा। | : | (i) Touch and go.<br>(ii) To have a narrow escape. |
| 50. | बाहर की चुपड़ी से घर की रूखी-सूखी भली। | : | You must not make fish of one and flesh of another. |
| 51. | बिंध गया सो मोती, रह गया सो सीप। | : | Nothing succeeds like success. |

52. बिन राजी रह जाये प्यासी। : You may lead a horse to water but you cannot make it drink.

53. बिना आग धुआं नहीं उठता। : There is no smoke without fire.

54. बिना खर्च किए कुछ नहीं मिलता। : No pain, no gain.

55. बिना दान कैसा प्रतिदान ? : An empty hand is no lure for a hawk.

56. बिना दूध के दही नहीं बनता। : You cannot make curd without milk.

57. बिना परिश्रम के कुछ नहीं मिलता। : (i) Patience and perseverance overcome mountains.
(ii) Perseverance conquers all difficulties.

58. बिना मथे मक्खन नहीं निकलता। : Nothing ventured, nothing gained.

59. बिन मांगे मोती मिले, मांगे मिले न भीख। : Those who desire nothing get everything, while those who hanker get nothing.

60. बिना रोये मां भी बच्चे को दूध नहीं पिलाती। : A closed mouth catches no flies.

61. बिना विचारे जो करे, सो पाछे पछताए। : Think before you speak.

62. बिना सेवा मेवा नहीं। : No pain, no gain.

63. बिना मरे स्वर्ग नहीं मिलता। बिना हाथ-पैर हिलाए रोजी नहीं मिलती। : Nothing ventured, nothing gained.

| | | |
|---|---|---|
| 64. बिल्ली के सर पे छीका नहीं टूटता। | : | Cattle do not die from a crow's curses. |
| 65. बिल्ली के भागों छीका टूटा। | : | To secure a windfall. |
| 66. बिल्ली, और दूध की रखवाली! | : | Set a wolf to guard the sheep. |
| 67. बिल्ली के ख्वाब में भी छीछड़े। | : | To savour custard even in one's dreams. |
| 68. बिल्ली के गले में घंटी कौन बांधेगा? | : | Who will bell the cat? |
| 69. बिल्ली गई, चूहों की बन आई। | : | When the cat is away, the mice are at play. |
| 70. बीती ताहि बिसार दे आगे की सुधि लेय। | : | Let bygones be bygones. |
| 71. बीमार की रात पहाड़ बराबर। | : | Grief is the canker of the heart. |
| 72. बुढ़ापे में बचपन लौट आता है। | : | To be in one's second childhood. |
| 73. बुरा कर, बुरा हो। | : | As you sow, so shall you reap. |
| 74. बुरा चाहने वाले का बुरा होता है। | : | (i) Curses come home to roost.<br>(ii) Slander recoils on the slanderer. |
| 75. बुराई का जवाब बुराई नहीं। | : | Forgiveness is the noblest virtue. |
| 76. बुराई का माल बुराई में लगे। | : | Ill got, ill spent. |
| 77. बुराई को आरम्भ में ही दबाना चाहिए। | : | Nip evil in the bud. |
| 78. बुरी आदत तेजी से बढ़ती है। | : | Weeds always grow wild. |
| 79. बुरी आदत बड़ी मुश्किल से छूटती है। | : | Old habits die hard. |

| | | |
|---|---|---|
| 80. बुरी आदतें जल्दी पड़ जाती है। बुरी आदतें पड़ना आसान है। | : | Bad habits are contagious. |
| 81. बुरी खबर बहुत जल्दी फैलती है। | : | Ill news travels apace. |
| 82. बुरी संगत में बुराई। | : | A black sheep infects the entire flock. |
| 83. बुरी संगत से अकेला भला। | : | Better alone than being in bad company. |
| 84. बुरे का अंत बुरा। | : | Evil begets evil. |
| 85. बुरे की भी अच्छाई पहचानो। | : | (i) Give the devil his due.<br>(ii) There is a soul of goodness in all things evil. |
| 86. बुरे काम का बुरा नतीजा। | : | Evil begets evil. |
| 87. बुरे काम करते समय हम आंख बंद कर लेते हैं। | : | The cat shuts its eyes while it steals the cream. |
| 88. बुरे का साथ निभाने के लिए लंबे हाथ चाहिए। | : | He must have a long spoon who sups with the devil. |
| 89. बूंद-बूंद करके घड़ा खाली हो जाता है। | : | Drop by drop the lake is drained. |
| 90. बूंद-बूंद से घड़ा भरता है। | : | Many drops make the ocean. |
| 91. बूढ़ा होने से स्वभाव तो नहीं बदलता। | : | The wolf may lose his teeth but never his temper. |
| 92. बूढ़ी घोड़ी लाल लगाम। | : | Mutton dressed like a lamb. |
| 93. बूढ़े तोते क्या पढ़ेंगे! बूढ़े तोते राम-राम नहीं पढ़ते। | : | An old dog learns no new tricks. |

| | | |
|---|---|---|
| 94. बूते से बाहर का काम सिरे नहीं चढ़ता। | : | A shoe too large trips one up. |
| 95. बेईमानी की कमाई फलती नहीं। | : | Ill got, ill spent. |
| 96. बेकार से बेगार भली। | : | Better wear out than rust out. |
| 97. बेवकूफ अक्ल से कोसों दूर रहते हैं। | : | Keep away from fools. |
| 98. बेवकूफ किस्मत के धनी होते हैं। | : | The meek shall inherit the earth. |
| 99. बेवकूफ की जबान ही उसका नाश करती है। | : | A fool's tongue destroys him. |
| 100. बेवकूफ के पास दौलत नहीं टिकती। | : | A fool and his money are soon parted. |
| 101. बेशऊर बच्चा बड़ा होकर बाशऊर हो सकता है। | : | An indecent colt may make a good horse. |
| 102. बोए कोई, काटे कोई। | : | One sows the seed, another reaps the corn. |
| 103. बोए पेड़ बबूल का, आम कहां से खाय! | : | (i) To sow thistles and expect figs.<br>(ii) As you sow, so shall you reap. |
| 104. बोलने से मौन भला। | : | (i) Silence is the best policy.<br>(ii) Silence is golden, speech is silvern. |

# भ

1. भगवान के यहां देर है पर अंधेर नहीं। : The mills of God grind slowly, but surely.

2. भगवे कपड़े पहनने से कोई साधु नहीं बन जाता। : (i) It is not the cowl that makes a monk.
(ii) Borrowed garments never fit well.

3. भगोड़ा सिपाही पलटन की बुराई करता है। : A sacked employee blames the management.

4. भय बिन होय न प्रीति। : Fear commands obedience.

5. भय विवेक का ही एक अंग है। : Discretion is the better part of valour.

6. भरी गगरिया चुप्पे जाए। : Silent rivers run deep.

7. भरी थाली में लात मारना। : To quarrel with one's bread and butter.

8. भले आदमी जल्दी ही अल्लाह को प्यारे हो जाते हैं। : Whom the Gods love, die young.

9. भले ही थोड़ा प्यार करो, किंतु हमेशा करो। : Love me little, love me long.

10. भागने से पहले चलना सीखो। : Learn to walk before you run.

11. भागते भूत की लंगोटी भली। : Something is better than nothing.

| | | |
|---|---|---|
| 12. भाग्य के लिखे को कौन टाल सकता है। | : | What is lotted cannot be blotted. |
| 13. भाग्य बहादुरों का साथ देता है। | : | Fortune favours the brave. |
| 14. भिड़ों के छत्ते को मत छेड़ो। | : | Let sleeping dogs lie. |
| 15. भीख मांगे और आंख दिखाए। | : | Beggars can't be choosers. |
| 16. भीलनी के बेर सुदामा के तंदुल, रुचि-रुचि भोग लगाए। | : | (i) Humble love and not proud science, keeps the door of heaven.<br>(ii) Sooner would a camel pass through the eye of a needle than a rich man enter the kingdom of heaven. |
| 17. भूख में गूलर पकवान। भूख में चने बादाम। | : | Hunger is the best sauce. |
| 18. भूखा सो रूखा। | : | A hungry man is an angry man. |
| 19. भूखा क्या न करता। | : | Hunger drives the wolf out of the woods. |
| 20. भूखे पेट इश्क नहीं होता। | : | No army marches on an empty stomach. |
| 21. भूखे भजन न होय गोपाला। | : | No army can march on an empty stomach. |
| 22. भूल-चूक लेनी-देनी। | : | Errors and omissions accepted. |
| 23. भूल सुधारने के लिए देरी कैसी ? | : | It is never too late to make amends. |
| 24. भेद खोलना। | : | (i) To let the cat out of the bag.<br>(ii) To blurt the truth.<br>(iii) To blow the gaff. |

| | | |
|---|---|---|
| 25. भेड़ की खाल में भेड़िया। | : | Wolf in sheep's clothing. |
| 26. भैंस के आगे बीन बजाए, भैंस खड़ी पगुराय। | : | (i) Honey is not for the ass's mouth.<br>(ii) Casting pearls before swines. |
| 27. भौंकते कुत्ते को रोटी का टुकड़ा। | : | To give one a bone to pick. |

## म

| | | |
|---|---|---|
| 1. मंगते की पसंद का सवाल कहां! | : | Beggars can't be choosers. |
| 2. मढ्यौ दमामौ जात है कहुं चूहे के चाम। | : | You cannot make a silk purse out of a sow's ears. |
| 3. मंजिल एक, राह अनेक। | : | All roads lead to Rome. |
| 4. मंथर गति से, पर निरंतर काम करने वाला विजयी होता है। | : | Slow and steady wins the race. |
| 5. मजनूं को लैला का कुत्ता भी प्यारा। | : | Love me, love my dog. |
| 6. मखमल में टाट का बखिया। | : | Even the lion has to defend himself against flies. |
| 7. मजबूरी सब कुछ करवा देती है। | : | Need makes one run naked. |
| 8. मजाक में भी कभी-कभी सच्ची बातें मुंह से निकल जाती हैं। | : | In jest one sometimes blurts out the truth. |

9. मझधार में नाव नहीं बदलनी चाहिए। : Never change horses midstream.

10. मन के लड्डुओं से भूख नहीं मिटती। : Wishful thinking never fills the belly.

11. मन हारे ते हार है, मन जीते ते जीत। : There is nothing good or bad, but thinking makes it so.

12. मन चंगा, तो कठौती में गंगा। : Unto the pure all things are pure.

13. मन भर खाओ, नाप कर पिओ। : Eat at pleasure, drink by measure.

14. मरज बढ़ता गया, ज्यों-ज्यों दवा की। : (i) Desperate maladies require desperate remedies.
(ii) The more you try, the more he digs his heels in.

15. मरता क्या न करता। : The drowning man clutches at straws.

16. महत्त्वाकांक्षाओं वाला व्यक्ति परेशान रहता है। : Ambition is the last infirmity of the noble mind.

17. मनुष्य अपनी संगति से पहचाना जाता है। : A man is known by the company he keeps.

18. मनुष्य अपने काम से जाना जाता है। : A man is known by his deeds.

19. मनुष्य की आदतें ही उसका भाग्य गढ़ती हैं। : Habits make or mar one's fortune.

20. मनुष्य गलती का पुतला है। : Man is a slave to his habits.

| | | |
|---|---|---|
| 21. मनुष्य जितना अधिक जानता है उतना ही अधिक क्षमाशील हो जाता है। | : | The deeper the water, the calmer the surface. |
| 22. म्याऊं का ठौर कौन पकड़ेगा? | : | Who will bell the cat? |
| 23. मरी बिल्ली से जीता चूहा बेहतर। | : | A living dog is better than a dead lion. |
| 24. मरे हुए को न मारें। | : | It is no use flogging a dead horse. |
| 25. मर्यादा-रक्षक को मर्यादा-भंजक नहीं होना चाहिए। | : | Law-makers should not be law-breakers. |
| 26. महंगा रोये एक बार, सस्ता रोये बार-बार। | : | The cheap buyer takes the bad meat. |
| 27. महापुरुष गयेन या पथः। | : | The beaten path is the safest. |
| 28. मांगने गई पूत, खो आई खसम। | : | Go for wool and come home shorn. |
| 29. मांगे हरड़, दे बहेड़ा। | : | I talk of chalk and you talk of cheese. |
| 30. मान घटे नित घर जाए। | : | Familiarity breeds contempt. |
| 31. मान न मान, मैं तेरा मेहमान। | : | Welcome or not, I am your guest. |
| 32. माया को माया मिले कर-कर लम्बे हाथ। | : | (i) Money begets money.<br>(ii) A fool always finds a greater fool to admire him. |
| 33. माया है बादल की छाया। | : | Riches have wings. |
| 34. माले मुफ्त दिले-बेरहम। | : | Freely got, lavishly spent. |
| 35. मिटे न होनहार की रेखा। | : | Coming events cast a long shadow. |

| | | |
|---|---|---|
| 36. मियां की जूती, मियां के सिर। | : | (i) To beat a person with his own staff.<br>(ii) Fry him in his own pan. |
| 37. मियां बीबी राजी तो क्या करेगा काजी। | : | When there is peace at home, there is no need of a judge. |
| 38. मित्र का बैरी बैरी, बैरी का बैरी मित्र। | : | An enemy's enemy is a friend. |
| 39. मित्र वही जो समय पर काम आए। | : | A friend in need is a friend indeed. |
| 40. मियां घर नहीं बीबी को डर नहीं। | : | When the cat is away, the mice are at play. |
| 41. मीठे बोल से सब काम निकलते हैं। | : | Fair and soft goes far in a day. |
| 42. मुर्गा बांग न देगा, तो क्या सुबह न होगी ? | : | Dawn arrives even without a crowing rooster. |
| 43. मुंह पर झूठ नहीं बोला जाता। | : | Face to face the truth comes out. |
| 44. मुंह मे दही जम गया। | : | (i) I was rendered speechless.<br>(ii) He was dumbfounded. |
| 45. मुंहबंधा कुत्ता क्या शिकार करेगा! | : | Muffled cats catch no mice. |
| 46. मुंहमांगी तो मौत भी नहीं मिलती। | : | Even death does not come for the asking. |
| 47. मुंह में राम, बगल में छुरी। | : | (i) A fair face may be a foul bargain.<br>(ii) A fair face may have a foul heart. |

| | | |
|---|---|---|
| 48. मुंह से निकली बात वापस नहीं आ सकती। | : | Words once spoken cannot be recalled. |
| 49. मुझे चाहो तो मेरे मित्रों को भी चाहो। | : | Love me, love the crows on my roof. |
| 50. मुंडे मुंडे मतिर्भिन्ना। | : | Many men, many minds. |
| 51. मुफलिसी में आटा गीला। मुसीबतें कभी अकेली नहीं आतीं। | : | Misfortunes never come alone. |
| 52. मुफलिसी में दोस्त भी साथ छोड़ देते हैं। | : | When misfortune strikes even friends leave your side. |
| 53. मुफ्त का माल, मुफ्त में जाए। | : | Easy come, easy go. |
| 54. मुफ्त की शराब काजी को भी हलाल। | : | An open door will tempt a saint. |
| 55. मुल्ला की दौड़ मस्जिद तक। | : | A priest does not go farther than the church. |
| 56. मुसीबत आंधी की तरह आती है, धीरे-धीरे जाती है। | : | Misfortune arrives on horseback but departs on foot. |
| 57. मुसीबत में उम्मीद ही जिंदा रखती है। | : | Hope sustains life. |
| 58. मुंह तोड़ जवाब। | : | A fitting response. |
| 59. मूर्ख की अगुवाई में मुसीबत ही मुसीबत। | : | When the blind carries the banner, woe to those who follow. |
| 60. मूर्ख से मूर्ख मिलें, कर के लंबे हाथ। | : | A fool always finds a greater fool to admire him. |

| | | |
|---|---|---|
| 61. मूर्ख अपने को समझदार समझते हैं और समझदार अपने को अज्ञानी। | : | The fool thinks he is smart and the smart man thinks he is a fool. |
| 62. मूर्ख के तरकश में तीर नहीं टिकते। | : | A fool's bolt is soon shot. |
| 63. मूर्ख के पास माया नहीं टिकती। | : | A fool and his money are soon parted. |
| 64. मूर्ख के लिए मौन भला। | : | Cracked pipkins are known by their sound. |
| 65. मूर्खों के पटाखे दीवाली से पहले ही खतम हो जाते हैं। | : | A fool's bolt is soon shot. |
| 66. मूर्खों के बीच अक्ल की बात करना मूर्खता। (मूर्खों के बीच मौन रहना ही भला।) | : | Where ignorance is bliss it is a folly to be wise. |
| 67. मृत्यु का कोई समय नहीं। | : | Death keeps no calendar. |
| 68. मैं भी रानी, तू भी रानी, कौन भरेगा पानी ? | : | I am stout, you are stout, who will carry the dirt out? |
| 69. मोठ मूंग में कौन बड़ा। | : | Usage beats grammar. |
| 70. मौका बार-बार हाथ नहीं आता। | : | Opportunity does not knock twice. |
| 71. मौके का फायदा उठाना वाजिब है। | : | (i) Strike while the iron is hot.<br>(ii) Make hay while the sun shines. |

72. मौत का कोई इलाज नहीं। : Death has no cure.

73. मौत सबकी होती है। : Death devours the lamb as well as the sheep.

74. मौन का अर्थ है आपकी 'हां'। : Silence means half consent.

# य

1. यथा नाम तथा गुण। यथा राजा तथा प्रजा। : Like ruler like subjects.

2. यदि चाहने से ही सब कुछ मिल जाए तो कोई किसी का मोहताज क्यों रहे! यदि कल्पना से ही काम बनता तो भिखारी भी मजे उड़ाते। : If wishes were horses beggars would ride them.

3. यदि काबे में कुफ्र होने लगे, तो मुसलमानी कहां जाए! : If the salt has lost its flavour how will things be salted?

4. यदि काट नहीं सकते हो तो दांत दिखाने से क्या फायदा! : If you cannot bite, never show your teeth.

5. यदि कोई समाचार न मिले तो समझ लेना चाहिए – सब खैरियत है। : No news is good news.

| | | |
|---|---|---|
| 6. यदि श्री गणेश अच्छा हो तो समझ लो कि काम पूरा हो जाएगा। | : | (i) Well begun is half done.<br>(ii) The first blow is half the battle. |
| 7. यश दौलत से श्रेष्ठ है। | : | (i) Fame is the perfume of heroic deeds.<br>(ii) Good name is better than a golden girdle. |
| 8. यह मुंह और मूसर की दाल। | : | First deserve then desire. |
| 9. यह संसार काल का खाजा, जैसा कुत्ता तैसा राजा। | : | Prince or pauper, everyone is equal before death and will die someday. |
| 10. या हंसा मोती चुगें, या लंघन कर जाएं। | : | Either a feast or a fast. |
| 11. यार का गुस्सा भतार के ऊपर। | : | One slays, another pays. |
| 12. युद्ध और प्रेम में सब उचित है। | : | All is fair in love and war. |
| 13. यहां शेर और बकरी एक घाट पर पानी पीते हैं। | : | Justice reigns supreme here. |
| 14. यहां उल्टी गंगा बहती है। | : | (i) Here everything is topsy-turvy.<br>(ii) Putting the cart before the horse. |

□□

## र

| | | | |
|---|---|---|---|
| 1. | रंग लाती है हिना पत्थर पे घिस जाने के बाद। | : | Sweet is the outcome of adversity. |
| 2. | रसरी आवत जात ते सिल पर परत निसान। | : | Constant friction wears away even stone. |
| 3. | रस्सी जल गई, पर ऐंठन नहीं गई। | : | Wolves may lose their teeth, but not their temper. |
| 4. | राई का पहाड़। | : | To make a mountain out of a molehill. |
| 5. | राजा किसी को सामंत बना सकता है किंतु शरीफ नहीं। | : | The king can make a knight, but not a gentleman. |
| 6. | राजा के घर मोतियों का क्या टोटा (अकाल)! | : | A great ship needs deep waters. |
| 7. | राजा गलती नहीं करता। | : | (i) Kings do no wrong.<br>(ii) The boss is always right. |
| 8. | रात को जल्दी सोना और सवेरे जल्दी उठना सदा अच्छा रहता है। | : | Early to bed and early to rise makes a man healthy, wealthy and wise. |
| 9. | रात है तो प्रभात दूर नहीं। | : | If winter comes, can spring be far behind? |
| 10. | रातों रोई, एक न मरा। | : | (i) Much cry, little wool.<br>(ii) To run around in circles. |

| | | |
|---|---|---|
| 11. राम नाम जपना, पराया माल अपना। | : | (i) A devil in the garb of a saint.<br>(ii) Cross on the chest and devil in the heart. |
| 12. राम मिलाई जोड़ी, एक अन्धा एक कोढ़ी। | : | A deaf husband and a blind wife always make a happy couple. |
| 13. राष्ट्र का भविष्य मां के हाथ में होता है। | : | The hand that rocks the cradle rules the world. |
| 14. रोज कुआं खोदना, रोज पानी पीना। | : | Living from hand to mouth. |
| 15. राम की माया, कहीं धूप कहीं छाया। | : | Life is full of shade and sunlight. |
| 16. रूखा सूखा खा कर ठंडा पानी पीव। | : | (i) Sorrow remembered sweetens the present joy.<br>(ii) A contented man eats a continual feast. |
| 17. रूप रोवे भाग्य खाये। | : | Give a man luck and throw him into the sea. |

# ल

| | | | |
|---|---|---|---|
| 1. | लंका में सब बावन गज के। | : | One is not smelt where all stink. |
| 2. | लंबा टीका मधुर बानी,<br>दगाबाज की यही निशानी। | : | Full of courtesy, full of craft. |
| 3. | लकड़ी के बल बंदरी नाचे। | : | The rod tames everyone. |
| 4. | लकीर के फकीर होना। | : | To tow the dotted line. |
| 5. | लक्ष्मी उद्यमी की चेरी होती है। | : | (i) Heaven helps those who help themselves.<br>(ii) Success sways with the break of heaven. |
| 6. | लक्ष्मी चंचल है। | : | Riches have wings. |
| 7. | लड़ गया तो तीर<br>नहीं तो तुक्का। | : | To hit the bull's eye. |
| 8. | लगाओ तो बुझाओ। | : | Kindle not a fire that you cannot extinguish. |
| 9. | लघुता से प्रभुता मिले। | : | Humility leads to glory. |
| 10. | लड़ाकू जवान खाविंद से<br>खूसट बूढ़ा पति अच्छा। | : | Better an old man's darling than a cantankerous young man's wife. |
| 11. | लड़ाई का घर हंसी। | : | A bitter jest is poison to the friendship. |
| 12. | लड़े सिपाही,<br>नाम सरदार का। | : | Blood of the soldier makes the glory of the general. |

13. लड्डू कहे मुंह मीठा नहीं होता। : Bare words buy no barley.

14. लहू लगाकर शहीदों में मिलना। : To measure other people's corn by one's own bushel.

15. लफ्फाजी नहीं, नतीजा चाहिए। : Results count, not words.

16. जिसकी लाठी, उसकी भैंस। : Might is right.

17. लाड़ला लड़का जुआरी, लाड़ली लड़की छिनाल। : Jest with an ass, and he will flap you in the head with his tail.

18. लातों के भूत बातों से नहीं मानते। : Some only understand the language of force.

19. लालच बुरी बला है। : The greedy are never satisfied.

20. लाल बुझक्कड़ बूझे और न बूझे कोय। : The ass wags his ears.

21. लिवाल की सौ आंखें, बिकवाल की एक। : The buyer needs a hundred eyes, but the seller only one.

22. लेन-देन में लाज कैसी! : Fair exchange is no robbery.

23. लेना एक न देना दो। : (i) To burn daylight.
(ii) Bootless errand.

24. लैला की खूबसूरती देखनी हो तो मजनूं की निगाह से देखो। : Beauty lies in the eyes of the beholder.

25. लोभी का पेट सदा खाली। : A beggar's belly is bottomless.

26. लोहा लोहे को काटता है। : Diamond cuts diamond.

| | | |
|---|---|---|
| 27. लौट के बुद्धू घर को आए। | : | A bad penny always returns to the owner. |
| 28. लोहे के चने चबाना। | : | A hard nut to crack. |

❑❑

## व

| | | |
|---|---|---|
| 1. वक्त पड़े बांका, तो गधे को कहे काका। | : | (i) Need makes the old wife trot.<br>(ii) Need makes the naked man run. |
| 2. वक्त पड़े पर जानिए, को बैरी को मीत। | : | A friend in need is a friend indeed. |
| 3. वक्त बड़े-से-बड़े घाव को भर देता है। | : | Time is the best healer. |
| 4. वहम की दवा हकीम लुकमान के पास भी नहीं। | : | (i) There is no cure for a suspicious mind.<br>(ii) Even Aesop had no remedy for superstition. |
| 5. वह सब गुड़ ही नहीं जो चीटियां खायें। | : | All that glitters is not gold. |
| 6. वही होता है जो मंजूर-ए-खुदा होता है। | : | God's will reigns supreme. |
| 7. वही ढाक के तीन पात। | : | King's breakfast, queen's lunch, a beggar's dinner. |
| 8. विद्या बड़ा धन है। | : | Knowledge is power. |

9. विनाश काले विपरीत बुद्धि। : Those whom God wants to destroy, He first makes mad.

10. विपत्ति अकेले नहीं आती। : Misfortunes never come alone.

11. विपत्ति तो शूरवीर की कसौटी है। : Adversity tries the brave.

12. विपत्ति हमें तपाकर कुंदन बनाती है। : (i) As the touchstone tries gold, so gold tries man.
(ii) Adversity is the best school of discipline.

13. विफलता ही सफलता का पथ प्रशस्त करती है। : Failures are stepping-stones to success.

14. वियोग से प्यार बढ़े। : Absence makes the heart grow fonder.

15. विलाप करने से गम दूर नहीं होता। : It is no use crying over spilt milk.

16. विष रस भरा कनक घट जैसे। : No rose without a thorn.

17. विष की दवा विष है। : Diamond cuts diamond.

18. वीर के सिर सेहरा। : (i) None but the brave deserves the fair.
(ii) Fortune favours the brave.

19. वे दिन गए जब खलील खां फाख्ता उड़ाया करते थे। (i) Gone are the days when goose laid golden eggs.
(ii) The balmy days are no more.

20. वैसा ही व्यवहार करो जैसा तुम अपने लिए चाहते हो। : Do unto others as you would have others do unto you.

21. व्यापार में शर्म कैसी! : Fair exchange is no robbery.

❑❑

# श

1. शंका डायन मनसा भूत। : (i) All is lost that is put in a river dish.
   (ii) Scepticism is slow suicide.
   (iii) Even Aesop had no remedy for superstition.
2. शंका (जिज्ञासा) ज्ञान की कुंजी है। : Curiosity is the key to knowledge.
3. शक्ल चुड़ैलों की, मिजाज परियों का। : Fine feathers make fine birds.
4. शक्करखोर को दाता शक्कर देता है। : Spend, and God will send.
5. शराब भीतर, तो बुद्धि बाहर। : When wine is in, wit is out.
6. शर्म घोल कर पीना। : To loose all sense of shame.
7. शहद न दे, शहद की सी बात तो करे। : Civility costs nothing, but buys everything.
8. शासक और प्रेमी प्रतिद्वन्द्वी से घृणा करते हैं। : Love and lordship need no fellowship.
9. शिष्टाचार का ध्यान रखो। : Mind your P's and Q's.
10. शीशमहल में रहने वालों को दूसरों पर पत्थर नहीं फेंकने चाहिए। : Those who live in glass houses should not throw stones at others.

| | | |
|---|---|---|
| 11. शीशमहल में बंदर। | : | Bull in a china shop. |
| 12. शुरुआत अच्छी, तो आधा काम हुआ समझो। | : | (i) Well begun is half done.<br>(ii) The first blow is half the battle. |
| 13. शेर एक ही भला। | : | Too many cooks spoil the broth. |
| 14. शेखचिल्ली की तरह मत सोचो। | : | (i) Do not count your chickens before they hatch.<br>(ii) Do not think like a fool. |
| 15. शेखीखोर का मुंह काला। | : | Pride goes before a fall. |
| 16. शेर चूहे का शिकार नहीं करता। | : | The eagle does not hunt flies. |
| 17. शेर और बकरी एक घाट पर पानी पीते हैं। | : | Peace reigns supreme. |
| 18. शैतान अपनी छाप छोड़ जाता है। | : | The devil always leaves a stink behind. |
| 19. शैतान को याद करो, शैतान हाजिर। | : | Think of the devil and there he appears. |
| 20. शैतान ज्ञान बखाने। | : | The devil quoting the scriptures. |
| 21. श्वास का क्या विश्वास। | : | Life is uncertain. |

❑❑

# स

1. संकल्प सफलता की कुंजी है। : He who strives meets success half way.
2. संगठन में बड़ी ताकत है। : Unity is strength.
3. संतोष का फल मीठा। संतोषी परम सुखी। : A contented mind is a perpetual feast.
4. संपत्ति प्रिय होती है किंतु जिंदगी कहीं अधिक प्रिय है। : Close sits my shirt but closer is my skin.
5. सइंया गए परदेस, अब डर काहे का। : When the cat's away, the mice are at play.
6. संयोग संयोग ही है। : Golden chances are but rare.
7. सच का बोलबाला और झूठे का मुंह काला। : Tell the truth and shame the devil.
8. सच्चाई कल्पना से अजीब। : Truth is stranger than fiction.
9. सच्चाई कड़वी होती है। : Truth is always bitter.
10. सच्चा मित्र वही है जो जरूरत के वक्त काम आए। : A friend in need is a friend indeed.
11. सच्ची प्रशंसा फलवती होती है। : True praise takes roots and spreads.
12. सच्चे बाजार को तोड़े फूहड़ खरीददार। : Bull in a china shop.

| | | | |
|---|---|---|---|
| 13. | सत डिगा, जहान डिगा। | : | He who loves honesty has nothing to lose. |
| 14. | सत्य से प्रेम करो, भूल को क्षमा कर दो। | : | A habit cannot be forced out of the window, it must be coaxed down a step at a time. |
| 15. | सदा न फूले केतकी, सदा न सावन होय। | : | Death and decay spare none. |
| 16. | सदा नाव कागज की बहती नहीं। | : | Deceit will not succeed long. |
| 17. | सद्‌गुण कभी बासी नहीं होते। | : | Virtue never grows stale. |
| 18. | सपने उलटे होते हैं। | : | Life is but an empty dream. |
| 19. | सफलता के लिए मेहनत करनी पड़ती है। | : | Only hard work leads to success. |
| 20. | सफाई सबसे बड़ा धर्म है। | : | Cleanliness is next to godliness. |
| 21. | सबका खून लाल होता है। | : | The colour of blood is always red. |
| 22. | सबको एक आंख से देखो। | : | You must measure all by the same criteria. |
| 23. | सबको एक लाठी से नहीं हांकते। | : | Don't treat all alike. |
| 24. | सब की दवा है, पर आदत की दवा नहीं। | : | Habit is second nature to man. |
| 25. | सब एक ही थैली के चट्टे बट्टे। | : | Birds of a feather flock together. |
| 26. | सब झगड़े की जड़, दौलत। | : | Money is the root of all evil. |
| 27. | सब दिन होत न एक समान। | : | Every day is not Sunday. |

28. सब धान बाईस पसेरी। : To serve with the same sauce.

29. सबसे भली चुप। : Silence is the biggest virtue.

30. सबै सहायक सबल के। : (i) Beautiful flowers are soon plucked.
(ii) A fat purse lacks no friends.

31. सब सब्जबाग दिखाये पर मुंह की खाये। : The path of glory leads but to the grave.

32. सब्र का फल मीठा। : Slow and steady wins the race.

33. सभी अपने फायदे की बात सोचते हैं। : Everyone sees their own interests.

34. सभी अपने माल को सोना कहते हैं। : (i) Every potter praises his pot.
(ii) All his geese are swans.

35. सभी से दोस्ती करने वाला किसी का दोस्त नहीं। : (i) One who tries to please everybody, pleases none.
(ii) Everybody's friend is nobody's friend.

36. सभी सयाने एक मत। : Great minds think alike.

37. सांपनाथ वैसे, जैसे नागनाथ। : Nothing to choose between.

38. सभी सवालों के जवाब एक व्यक्ति के पास नहीं होते। : (i) All the keys hang not at one man's girdle.
(ii) One man doesn't have the answer to everything.

39. समझदार को इशारा काफी है। : (i) The wise can read between the lines.
(ii) A word to the wise is enough.

40. समय किसी की प्रतीक्षा नहीं करता। : Time and tide wait for none.

41. समय को दोष देना अपने को ही दोष देना है। : There never was a good war or a bad peace.

42. समय सब घावों का मरहम है। : Time is a great healer.

43. समरथ को नहिं दोस गुसाईं। : The king can do no wrong.

44. सयाना कौआ गू खाता है। : Every fox must pay his skin to the furrier.

45. सयाना चूहा जाल में नहीं फंसता। : Deceit will not succeed long.

46. सरल स्वभाव के लोग जल्दी ठगे जाते हैं। : Kind hearts are soonest wronged.

47. सरसों हथेली पर नहीं जमती। : Rome was not built in a day.

48. सराय का कुत्ता, हर मुसाफिर का यार। : Like a bell that will answer every pull.

49. सलाह कभी भी पुरानी नहीं पड़ती। : Counsel is never out of date.

50. सवेरे का भूला सांझ को घर आए तो भूला नहीं कहलाता। : It is never too late to mend one's ways.

51. सस्ता रोए बार-बार महंगा रोए एक बार। : The cheap buyer takes the bad meat.

52. सहज पके सो मीठा होय। : (i) Slow and steady wins the race.
(ii) Slow fire makes sweet malt.

| | | | |
|---|---|---|---|
| 53. | सहिष्णुता ही सभ्यता की कसौटी है। | : | A modest confession of ignorance is the ripest and last attainment of philosophy. |
| 54. | साफ रास्ता ही ठीक है, भले ही लंबा हो। | : | The short cut is often the longest way around. |
| 55. | सांच को आंच नहीं। | : | Truth fears no examination. |
| 56. | सांप का डसा रस्सी से डरता है। | : | A burnt child dreads the fire. |
| 57. | सांप का बच्चा संपोलिया। | : | Like tree, like fruit. |
| 58. | सांप के संपोले ही होंगे। | : | Evil begets evil. |
| 59. | सांप को दूध पिलाओ, फिर भी वह जहर नहीं छोड़ेगा। | : | A serpent nursed on milk will still be poisonous. |
| 60. | सांप निकलने के बाद लकीर पीटना। | : | One grows wiser after the event. |
| 61. | सांप मरे लाठी न टूटे। | : | To kill two birds with one stone. |
| 62. | साख गई तो सब कुछ गया। | : | All is lost when character is lost. |
| 63. | साह से सूम भला, जो तुरन्त दे जवाब। | : | (i) A wrong decision is better than indecision.<br>(ii) A point-blank refusal is better than an uneasy suspense. |
| 64. | साझा बाप न रोय कोई। | : | Everybody's business is nobody's business. |
| 65. | साझे की हांडी चौराहे पर फूटती है। | : | Everybody's friend is nobody's friend |
| 66. | सादा जीवन, उच्च विचार। | : | Plain living and high thinking. |
| 67. | सारा जाता देखिए, आधा दीजै बांट। | : | Better give the wool than the whole sheep. |

| | | | |
|---|---|---|---|
| 68. | सारी दौलत एक दांव पर मत लगाओ। | : | Don't put all your eggs in one basket. |
| 69. | सारी माया पैसे की ही है। | : | Money makes the mare go. |
| 70. | सारी से आधी भली। | : | Half a loaf is better than no bread. |
| 71. | सावधानी सबसे बड़ी बुद्धिमत्ता है। | : | Caution is the best policy. |
| 72. | सावन के अंधे को हरा ही हरा दिखाई देता है। | : | Everything looks pale to the jaundiced eye. |
| 73. | सावन हरे न भादों सूखे। | : | (i) Life is not all beer and skittles.<br>(ii) Evergreen. |
| 74. | सास मेरी घर नहीं, मुझे किसी का डर नहीं। | : | When the cat is away, the mice are at play. |
| 75. | साहस बिना कुछ नहीं मिलता। | : | Nothing ventured, nothing gained. |
| 76. | सिकन्दर जब चला दुनिया से, दोनों हाथ खाली थे। | : | Our last garment is made without pockets. |
| 77. | सिर दिया ओखली में तो मूसल से क्या डरना। | : | (i) He who would catch fish must not mind getting wet.<br>(ii) Those who handle thorns must suffer pain.<br>(iii) What cannot be cured must be endured. |
| 78. | सिर मुंड़ाते ही ओले पड़े। | : | (i) Misfortune in the very first adventure.<br>(ii) Stumbled at the threshold. |
| 79. | सिर चढ़कर बोले वह जादू। | : | He that is giddy thinks the world is spinning. |

80. सिर पर कफन बांधे फिरते हैं। : To always be prepared for the worst.

81. सिर सलामत तो पगड़ी पचास। : The golden age is not behind us but before us.

82. सिर्फ बातों से पेट नहीं भरता। : Bare words buy no barley.

83. सिर्फ मौजमस्ती का नाम जिंदगी नहीं है। : (i) Life is not a bed of roses.
(ii) Life is not all beer and skittles.

84. सीखने की भी एक उम्र होती है। : You cannot teach your grandmother to suck eggs.

85. सीखने में देर कभी नहीं होती। : One is never too old to learn.

86. सीधा जल्दी ठगा जाता है। : Kind hearts are soonest wronged.

87. सीधी उंगली से घी नहीं निकलता। : Softness evokes no compliance.

88. सीधे का मुंह कुत्ता चाटे। : All lay loads on a willing horse.

89. सुंदरता को साज-श्रृंगार की आवश्यकता नहीं होती। : Beauty needs no ornaments.

90. सुअवसर एक ही बार हाथ आता है। : Opportunity never knocks twice.

91. सु-आशय से करनी भली। : The road to hell is paved with good intentions.

92. सुख अल्पजीवी होता है। : Pleasure is shortlived.

93. सुख की प्यास बुझाए नहीं बुझती। : The greedy are never satisfied.

| | | |
|---|---|---|
| 94. सुख के सब साथी, दुख में कोई नहीं। | : | Laugh and the world laughs with you, weep and you weep alone. |
| 95. सुखी होने का उपाय है दूसरों को सुखी बनाना। | : | God does not comfort us to make us comfortable but to make us comforters. |
| 96. सुधार में देर क्या, सवेर क्या? | : | It is never too late to mend one's ways. |
| 97. सुस्त लोग कहते हैं— आज नहीं, कल। | : | By the street of by and by, one arrives at the house of never. |
| 98. सूप तो सूप, छलनी क्या बोले जिसमें बहत्तर छेद। | : | The pot calls the kettle black. |
| 99. सूम का धन शैतान खाय। | : | Ill got, ill spent. |
| 100. सूरज पूरब में ही उगेगा। | : | Water seeks its own level. |
| 101. सूरत से सीरत का अंदाजा नहीं होता। | : | Beauty is but skin deep. |
| 102. सूरत से सीरत भली। | : | Charm strikes the sight, but merit wins the soul. |
| 103. सूरदास की काली कामरी चढ़े न दूजो रंग। | : | (i) The gods approve the depth and not the tumult of the soul.<br>(ii) Black will take no other hue. |
| 104. सेब का पेड़ जितना पुराना, उतने ही अधिक फल देता है। | : | Old is gold. |
| 105. सेवा बिना मेवा नहीं। सेवा करे सो मेवा पावे। | : | No pain, no gain. |
| 106. सेहत हजार नेमत। | : | Health is wealth. |

| | | |
|---|---|---|
| 107. सोच-समझकर कदम उठाओ। | : | Look before you leap. |
| 108. सोढ़ी जी जब तक सिंगार करेंगी, तब तक राजा सो जाएंगे। | : | Whilst the grass grows, the steed starves. |
| 109. सोते नाग को न जगाओ। सोते शेर को मत छेड़ो। | : | Let sleeping dogs lie. |
| 110. सोने से पहले एक सेब खाए, डॉक्टर के पास कभी न जाए। | : | An apple a day keeps the doctor away. |
| 111. सौंदर्य को आभूषणों की आवश्यकता नहीं। | : | Beauty needs no ornaments. |
| 112. सद्‌गुण बिन सौन्दर्य क्षणभंगुर है। | : | Beauty unaccompanied by virtue is like a flower without fragrance. |
| 113. सौ औषध एक पथ्य। | : | Prevention is better than cure. |
| 114. सौ दिन चोर के, एक दिन साधु का। | : | Deceit will not succeed long. |
| 115. सौ बार जबान हिलाने से एक बार हाथ हिलाना अच्छा। | : | Self-service is the best service. |
| 116. सौ सयानों का एक मत। | : | Great men think alike. |
| 117. सौ सुनार की, एक लुहार की। | : | The stroke of a hammer equals hundred strokes of a chisel. |
| 118. स्वर्ग की गुलामी से नरक का राज भला। | : | Better to reign in hell than to serve in heaven. |
| 119. स्वार्थ आदमी को अंधा बना देता है। | : | Selfishness turns a man blind. |
| 120. सबसे बड़ा सुख, निरोग काया। | : | Health is wealth. |

# ह

1. हंस कभी कीचड़ नहीं खाता। : True blue will never stain.
2. हंसना और गाल फुलाना दोनों एक साथ नहीं हो सकते। : (i) You cannot burn the candle at both ends.
   (ii) You cannot serve God and Mammon.
3. हंसाए का नाम नहीं, रुलाए का नाम। : The busy have no time for tears.
4. हड़बड़ का काम शैतान का। : Haste makes waste.
5. हताशा गीदड़ को भी शेर बना देती है। : Silent dogs and still waters are dangerous.
6. हत्या के बदले फांसी। : Measure for measure.
7. हथेली पर सरसों नहीं जमती। : Rome was not built in a day.
8. हथेली पर जान लेकर घूमना। : Bold as a blind Bayard.
9. हम आह भी भरते हैं तो हो जाते हैं बदनाम, वह कत्ल भी करते हैं तो चर्चा नहीं होती। : One commits a misdemeanour and it's a crime, another commits a murder and it's fine.
10. हम जानते हैं कि हम क्या हैं किंतु नहीं जानते कि क्या हो सकते हैं। : We know what we are, but do not know what we can be.
11. हम मनचाही बातों पर एकदम विश्वास कर लेते हैं। : We believe what we wish to hear.

12. हमारी पसन्द ही इस बात का निर्णय करती है कि हम क्या हैं। : Our likings determine what we are.

13. हमें आड़े वक्त दूसरों के काम आना चाहिए। : Help a lame dog over the stile.

14. हमें एक ही साधन पर निर्भर नहीं रहना चाहिए। : The mouse that has but one hole is quickly taken.

15. हर आदमी अपनी तकदीर खुद बनाता है। : Every man is the architect of his own fate.

16. हर आदमी अपने माल को सोना कहता है। : (i) Everybody thinks his geese are swans.
(ii) Every potter praises his pots.

17. हर आदमी कभी-न-कभी बेवकूफ बन जाता है पर कोई सदा बेवकूफ नहीं बना रहता। : You cannot fool all the people all the time.

18. हर आदमी की अपनी कमजोरी होती है। : (i) Every man has his weaknesses.
(ii) No one is born without faults; he is best who is beset by fewest.

19. हर आदमी को अपनी ही चीज अच्छी लगती है। : The owl thinks her own young fairest.

20. हर आदमी खरीदा जा सकता है। : Every man has a price.

21. हर आदमी में बुराइयां होती हैं। : (i) No garden is without weeds.
(ii) No one is born without faults; he is best who is beset by fewest.

| | | |
|---|---|---|
| 22. हर उन्नति के पश्चात् अवनति। | : | Every rise has a fall. |
| 23. हर उम्र में सीखा जा सकता है। | : | It is never too late to learn. |
| 24. हर एक को अपनी मुसीबत आप झेलनी पड़ती है। | : | Everyone must bear his own cross. |
| 25. हर एक को अपने किए का फल भोगना पड़ता है। | : | Everyone has to bear the consequences of his actions. |
| 26. हर एक अपनी डेढ़ ईंट की मस्जिद बनाता है। | : | To plough a lonely furrow. |
| 27. हर चमकती चीज सोना नहीं होती। | : | All that glitters is not gold. |
| 28. हर निराशा में आशा की किरण होती है। | : | Every cloud has a silver lining. |
| 29. हर फल पर चोंच मारने वाला तोता आसानी से पकड़ा जाता है। | : | The fish that nibbles at easy bait will soon be caught. |
| 30. हर बुराई की अपनी अच्छाई होती है। | : | (i) Every cloud has a silver lining.<br>(ii) The devil is not as black as he is painted. |
| 31. हर फूल में कांटे होते हैं। | : | No rose is without a thorn. |
| 32. हर मर्ज़ की दवा है। | : | There is a remedy for everything. |
| 33. हर मुसीबत में किसी-न-किसी का भला होता है। | : | Every problem has a brighter side to it. |
| 34. हर सिक्के के दो पहलू होते हैं। | : | Every coin has two sides. |

35. हर सीपी से मोती नहीं मिलता। : Count not your chickens before they are hatched.

36. हरफन मौला, हरफन अधूरा। : Jack of all trades, master of none.

37. हराम की कमाई, धर्मखाते में लगाई। : To steal a goose and give the giblets in alms.

38. हराम की कमाई, हराम में गंवाई। : Easy come, easy go.

39. हल्दी की गांठ मिली, चूहा पंसारी बन बैठा। : A little knowledge is a dangerous thing.

40. हविश की कोई हद नहीं। : All covet, all lose.

41. हाकिम से दूर, चिंता से दूर। : Out of sight, out of mind.

42. हाकिम से बैर कैसा! : Kings have long arms.

43. हांजी हांजी सबकी कीजै, करिये अपने मन की। : (i) Age considers, youth ventures.
(ii) Although dogs bark, the caravan moves on.

44. हाथ न पहुंचे, थू कौड़ी। : The grapes are sour.

45. हाथ कंगन को आरसी क्या! : Axioms need no proof.

46. हाथ नहीं चलाओगे, तो पेट नहीं भरेगा। : No pain, no gain.

47. हाथ पैर फूलना। : To throw in the towel.

48. हाथ में पैसा हो, तो सब सिद्ध। : Money proves every point.

## हिन्दी साहित्य

## संगीत/रहस्य/जादू एवं तथ्य

Also Available in Hindi

## कथा एवं कहानियाँ

NEW **All Books Fully Coloured**

## बच्चों की कहानियाँ

## बाँगला भाषा की पुस्तकें

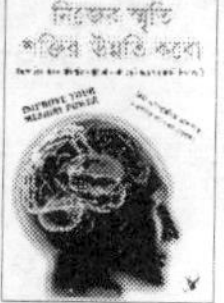

## संक्षिप्त शब्दकोश

Available in Paperback & Pocket size also

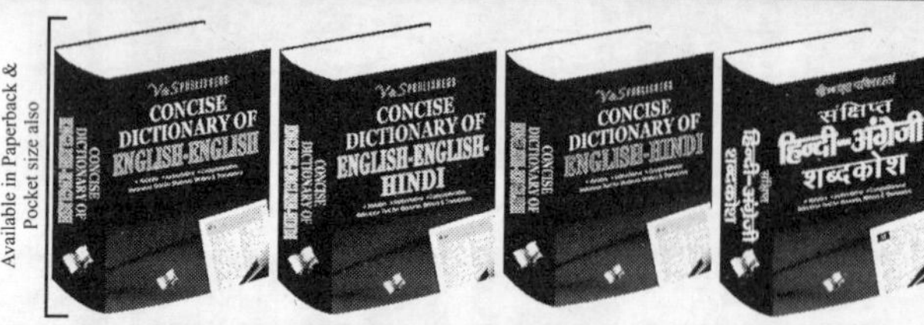


## अंग्रेजी शब्दकोश

Available in Pocket size also

## हिन्दी शब्दकोश

संक्षिप्त पर्यायवाची शब्दकोश

संक्षिप्त विलोम शब्दकोश

## विषय शब्दकोश

Available in Pocket size also

## शैक्षिक पुस्तकें

## उपन्यास

हमारी सभी पुस्तकें www.vspublishers.com पर उपलब्ध हैं

# आत्म–विकास/व्यक्तित्व विकास

Also Available in Hindi

Also Available in Hindi

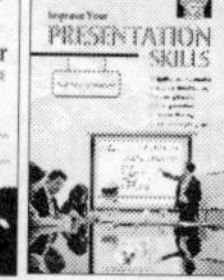

Also Available in Kannada, Tamil

Also Available in Kannada

Also Available in Kannada

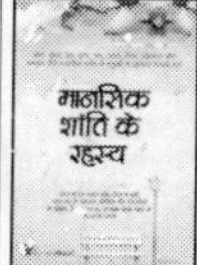

## CAREER & BUSINESS/SELF-HELP/PERSONALITY DEVELOPMENT/STRESS MANAGEMENT

# इंग्लिश स्पीकिंग कोर्स

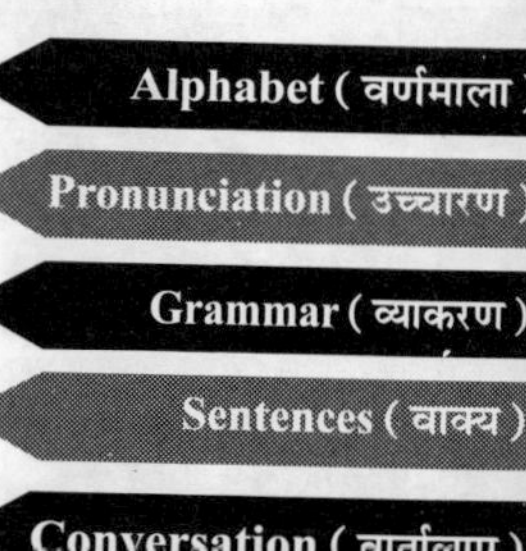


**डबल कॅलर पृष्ठों की, बड़े साइज में प्रकाशित**
**लेखन खण्ड एवं व्याकरण सहित**
**अंग्रेजी बोलना सीखने की एकमात्र पुस्तक।**

प्रस्तुत पुस्तक 'इंग्लिश स्पीकिंग कोर्स' बाजार में उपलब्ध अंग्रेजी सिखाने वाली पुस्तकों से अलग हटक वैज्ञानिक पद्धति से लिखी गयी है। इस पुस्तक में अंग्रेजी सिखाने की आधुनिक शैली का प्रयोग किया गय है, जिससे पाठकों को अंग्रेजी समझने तथा उसे धाराप्रवाह बोलने में आसानी होगी।

## पुस्तक की विशेषताएँ-

- ❑ अंग्रेजी शब्दों का सही उच्चारण
- ❑ शब्द रचना एवं वाक्य रचना
- ❑ अंग्रेजी व्याकरण की सरल प्रस्तुति
- ❑ प्रत्येक परिस्थिति एवं व्यक्ति के अनुकूल वाक्य
- ❑ हिंदी एवं अंग्रेजी में 50 श्रेष्ठ वार्तालाप
- ❑ पत्र-लेखन एवं अनुवाद
- ❑ Email एवं WhatsApp पर विस्तृत अध्याय
- ❑ वर्गीकृत शब्दावली हिंदी तथा अंग्रेजी में सम्मिलित
- ❑ आत्म-परीक्षण हेतु अभ्यास उत्तर सहित

## आपके लिए अंग्रेजी बोलना क्यों जरूरी है?

- अंग्रेजी विश्व की सर्वाधिक बोली जाने वाली भाषा है।
- आधुनिक समय की जरूरत है- **English Speaking.**
- अधिकांश विश्व प्रसिद्ध पुस्तकें अंग्रेजी में ही छपती हैं।
- विश्वभर के कम्प्यूटरों में 80% डेटा English में है।
- आधुनिक समय की माँग है English, इसे नहीं जानने वाले के आत्मविश्वास में कमी पायी जाती है।
- अंग्रेजी को International level ( अंतरराष्ट्रीय स्तर ) पर मान्यता प्राप्त है।

visit our bookstore: **www.vspublishers.com**